Tutti i diritti sono riservati incluso il diritto di riproduzione
integrale o parziale in qualsiasi forma.
© 2019 HarperCollins Italia S.p.A., Milano

Prima edizione HarperCollins
settembre 2019

ISBN 978-88-6905-555-3

Progetto grafico: Cristina Giubaldo / studio pym
Illustrazioni: Margherita Travaglia / studio pym
Realizzazione editoriale: studio pym / Milano

I contenuti di questo libro non intendono sostituirsi al parere professionale di un medico. L'utilizzo di qualsiasi informazione qui riportata è a discrezione del lettore. L'autore e l'editore declinano qualsiasi responsabilità diretta o indiretta derivante dall'uso o dall'applicazione di qualsivoglia indicazione riportata nel testo. Si raccomanda di consultare il proprio medico per ogni specifico problema.

Fotografie di Gaia Menchicchi
Fotografia a p. 158: per gentile concessione di Fondazione Umberto Veronesi

MARCO BIANCHI

in 50 ricette

HarperCollins

SOMMARIO

Il gusto della felicità	**9**
I colori della felicità	**11**
Il carrello della spesa ideale	**14**
Gli indispensabili in cucina	**16**
Oggi	**19**
Cioccocake con frutta secca	21
Il Corvetto	**23**
Torta cremosa con ricotta fresca, amaretti e cioccolato	25
Il Billy	**26**
Estratto del mio cuor	29
Siamo fatti così	**30**
Tramezzino tonno, insalata e maionese	33
La Saltafoss	**34**
Focaccine allo yogurt	37
Il merlo	**38**
Sugo ai quattro pomodori	41
La macchina da scrivere	**42**
Snack 2.0	45
Invicta	**46**
Polpette di ceci e spinaci	49
Il pranzo della domenica	**51**
Cotoletta con stick di patate dolci	53
Il Burghy	**54**
Burger vegetali	57
Lorella	**58**
Panini con frittata di ceci, sgombro e pomodoro	61
Estate all'italiana	**62**
Grande insalata di farro	65
La Smemoranda	**67**
Pasta al forno	69
Un soffio di Puglia	**71**
Panzerotti al sapor di Puglia	73

Vienna   **74**
Sacher torte con confettura di lamponi   77
L'attimo fuggente   **78**
Torta amaretto con topping di mandorle sbriciolate   81
Un milanese a Cambridge   **83**
Fish & chips   85
Rosso   **86**
Cuscus con gli aromi   89
I tre test   **91**
Salmone al sesamo con salsina di yogurt   93
La Panda   **94**
Panna cotta con coulis di mango   97
Le cellule   **98**
Pizzoccheri con pecorino e crescenza   101
La mensa   **102**
Pancake yogurt greco e banane   105
Il Dixieland   **107**
Chili di soia   109
A come addominali   **110**
Frullato "a tutta energia"   113
Liguria mon amour   **115**
Cipolle ripiene di ragù di lenticchie   117
Montagne verdi   **118**
Biscotti al caffè e cioccolato   121
Ballando sotto le stelle   **122**
Panino ai cereali con crema di tofu e melanzana   125
Sono un tecnico in ricerca biochimica   **126**
Pinzimonio di verdure con bicchierino di quinoa croccante   129
The place to be   **131**
Insalatona di orzo con salsina di anacardi   133
L'amico tedesco   **134**
Crauti con la mela e la senape   137
I cocktail   **139**
Bis di shottino della salute   141
Cicerone in camice   **142**
Panino con cannellini, pomodori secchi e melanzana   145
Il villaggio della scienza   **146**
Torta salata con asparagi   149

La Sicilia — **151**
Sarde a beccafico — 153
Basta carne! — **154**
Quinoa con sgombro, olive taggiasche e noci — 157
Il Professore — **159**
Carbonara con gli asparagi — 161
I magnifici 20 — **162**
Cioccopere fondente al 70% — 165
Il 18 settembre — **167**
Arrosto di cavolfiore — 169
Tesoro, salviamo i ragazzi! — **170**
Pasta con pesto di broccoli — 173
In onda — **175**
Torta alla liquirizia e cioccolato — 177
Antonella — **178**
Pasticciotto di pasta al forno — 181
Piccole solitudini — **182**
Insalatona di riso rosso con salsa verde, pistacchi e lime — 185
Case dolci case... — **186**
Fantasia di bruschette — 189
Bye bye ricerca! — **190**
Orzo con funghi e curcuma — 193
8 novembre 2016 — **195**
Miglio con brunoise di sedano, mela, pesca e peperone — 197
Il Madagascar — **199**
Polpette di grano saraceno — 201
La cameretta dei sogni — **202**
Chips di patate dolci e normali — 205
La mia cucina delle emozioni — **206**
Ciotolina con dadolata di mele e ricotta — 209
MarcoBianchiOff — **211**
Sua maestà la frolla — 213
Arcobaleno — **214**
Rainbow cake allo yogurt — 217

Ringraziamenti — **219**
Indice delle portate — **220**
Indice degli ingredienti — **222**

Amici, per tutti voi che mi seguite in ogni mia avventura, c'è una piccola sorpresa! Visitate questa pagina e la scoprirete:
www.marcobianchi.blog/il-gusto-della-felicita

IL GUSTO DELLA FELICITÀ

Avete mai provato a scrivere di voi stessi? Non avete idea di quanto sia difficile...

Il gusto della felicità è un racconto autobiografico pieno zeppo di delizie: è un continuo richiamo alle mie ricette del passato, che sono state protagoniste di particolari momenti del mio vissuto e che ho rivisitato nella mia consueta chiave per esaltarne i valori nutrizionali e funzionali.

Rispolverare il passato è un grande esercizio di concentrazione che almeno ai primi quarant'anni deve essere fatto! È doveroso comprendere i propri errori, le cose belle realizzate, quanto sia stato duro raggiungere un particolare obiettivo oppure accorgersi che quell'obiettivo ancora non è stato raggiunto. Per capire quale sia il nostro stato di felicità e cosa possiamo fare per meritarcene di più.

Ricevo sempre tante domande sulla mia vita, sul mio percorso di studi, sul mio incontro con il professor Veronesi. Ecco, ho voluto questo libro proprio per raccontarvela: perché la scienza si è impadronita di me, perché amo cucinare, passando per morbide consolazioni nel cibo spazzatura, istanti di buio, di infelicità...

Ho immaginato la mia vita suddivisa in cinquanta brevissimi capitoli, come fossero *frame* di un filmato in cui farvi rivivere con me le emozioni di quel particolare periodo.

Prima di proseguire la lettura, una raccomandazione fondamentale su tutte: lasciate sempre che sia la scienza a parlare: informatevi, documentatevi e, soprattutto, rivolgetevi sempre ai vostri medici di fiducia per tutte le indicazioni su proprietà ed effetti degli alimenti sul vostro organismo.

Leggetemi, cucinatemi ed emozionatevi. Solo così vi farò conoscere il gusto della felicità. Non c'è nulla di più bello che aprire il proprio cuore e lasciarlo parlare!

I COLORI DELLA FELICITÀ

Amici, in tanti mi chiedete sempre quale sia il mio piatto preferito. Ovviamente ce ne sono tantissimi ed è impossibile scegliere, ma da un punto di vista nutrizionale c'è un binomio che per me rappresenta la salute a tavola: cereali e legumi! Un mix perfetto, perché i rispettivi componenti nutrizionali lavorano in sinergia. Insieme forniscono un apporto ottimale di carboidrati (che dovrebbero costituire il 55-60% dell'introito energetico giornaliero), fibre (se ne raccomandano 25-30 grammi al giorno) e proteine vegetali (0,83 grammi per chilo di peso corporeo per adulti e anziani), senza dimenticare le vitamine (vitamine B1, B2, B3, B6, acido folico, biotina) e composti bioattivi importanti (fitosteroli). Quindi farro, frumento, orzo e riso integrale da una parte e ceci, lenticchie, fave, piselli dall'altra, tutto insieme con un goccio d'olio extravergine di oliva e avrete un piatto buonissimo, che sazia e fa bene, proteggendo l'organismo da malattie croniche, cardiovascolari e da alcune forme tumorali (colon-retto).

Volete un esempio? Pasta e ceci! I ceci sono tra i miei legumi preferiti e li adoro in tutti i modi. Sono ricchi di magnesio e folati e sono in grado di ridurre l'omocisteina, un aminoacido che, se presente in quantità eccessiva nel sangue, aumenta la possibilità di infarto e ictus. Non è però questo il solo modo in cui i ceci apportano benefici alla nostra salute (e al nostro cuore): abbassano i livelli di colesterolo LDL (quello "cattivo") e, grazie agli Omega-3 (acido alfa-linolenico), che contengono in quantità, collaborano alla prevenzione degli stati di depressione e diminuiscono i trigliceridi, favorendo un ritmo cardiaco regolare ed evitando l'insorgere di aritmie. Il binomio pasta e ceci (ma anche pasta e fagioli) contiene tutti e otto gli aminoacidi essenziali, che il nostro corpo non produce e dei quali ha bisogno. Tutto fuorché un cibo povero, quindi!

I legumi in generale li adoro in ogni forma e sono uno dei pilastri della mia amata dieta mediterranea. Per chi come me non mangia carne, le proteine vegetali presenti in essi sono un'alternativa ottimale a quelle di origine animale. In generale sono essenziali per una dieta varia e bilanciata, anche perché sono ricchi di fibre, fondamentali per mantenere la regolarità intestinale ed evitare problemi di diverticolite. Inoltre aumentano il senso di sazietà, aiutano a mantenere sotto controllo i livelli di glicemia e colesterolo nel sangue e preservano l'equilibrio della flora batterica intestinale. I legumi poi, oltre a contenere proteine in quantità pari o superiore rispetto alla carne e doppia rispetto ai cereali, rappresentano una fonte di almeno quattro aminoacidi essenziali (lisina, treonina, valina e triptofano) e, se combinati con i cereali, permettono di soddisfare il nostro fabbisogno giornaliero di queste sostanze.

Un tempo le fibre si assumevano per dimagrire o per "svuotarsi". Sono passati però i tempi in cui integrale era sinonimo di dieta; oggi ormai è assodato che l'assunzione di fibre serve a proteggersi ed è importantissima per la nostra salute. Un consumo regolare (superiore a 25 grammi al giorno secondo le direttive dell'OMS) non solo regola il moto intestinale, ma è associato alla riduzione della colesterolemia totale e/o LDL, alla riduzione della glicemia e dell'insulinemia post prandiali. Inoltre, inulina, frutto-oligosaccaridi e galatto-oligosaccaridi (presenti nelle fibre) svolgono anche attività prebiotica: stimolano cioè in maniera selettiva la crescita e l'attività, nel microbiota intestinale, di lattobacilli e bifidobatteri, i batteri "buoni" del nostro intestino. Un intestino "attivo" è sinonimo di sistema immunitario forte e capace e riduce il rischio cardiovascolare, anche perché correlato al miglioramento di una serie di fattori di rischio (dal profilo lipidico e infiammatorio al controllo glicemico, fino alla perossidazione lipidica e alle condizioni generali del microbiota). Dove si trovano le fibre? Oltre che nei legumi, in cereali integrali, frutta, verdura, frutta secca con guscio e semi.

E in tema frutta e verdura c'è una domanda che mi rivolgete sempre: quanta mangiarne al giorno? Le regole sono due, molto semplici: la prima è quella, ormai famosa, delle cinque porzioni. Ovvero si raccomanda di assumere due porzioni di verdura e tre di frutta al giorno, come minimo. Per una porzione si intende un frutto (due o tre frutti se piccoli), un'insalata, mezzo piatto di verdure cotte o crude, una coppetta di macedonia oppure un centrifugato.

Ma come si può essere certi di assumere tutte le proprietà nutritive degli alimenti vegetali? La seconda regola prevede semplicemente di basarsi sui colori: l'aspetto della frutta e della verdura infatti non è solo bello, ma dipende dalle sostanze e dai pigmenti in essa contenuti. Ecco allora una breve guida per orientarsi nel mondo dei colori da mettere nel vostro piatto!

Blu-viola
Melanzane, radicchi, fichi, lamponi, mirtilli, more, ribes, prugne, uva nera.
Perché sono alimenti ricchi di antocianine, beta carotene, vitamina C, potassio e magnesio.

Verde
Asparagi, basilico, biete, broccoli, cavoli, carciofi, cetrioli, insalata, rucola, prezzemolo, spinaci, zucchine, uva bianca, kiwi.
Perché contengono beta carotene, magnesio, vitamina C, acido folico e luteina.

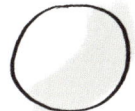

Bianco
Aglio, cavolfiori, cipolle, finocchi, funghi, mele, pere, porri, sedani.
Perché garantiscono un apporto di polifenoli, flavonoidi, composti solforati, potassio, vitamina C, selenio.

Giallo
Arance, limoni, mandarini, pompelmi, meloni, albicocche, pesche, nespole, carote, peperoni, zucche, mais.
Perché sono ricchi di flavonoidi, beta carotene, vitamina C, potassio.

Arancio-rosso
Angurie, arance rosse, barbabietole, ciliegie, fragole, peperoni, pomodori, ravanelli.
Perché contengono licopene e antocianine.

Legumi, cereali, frutta e verdura sono solo alcuni dei "fondamentali" della mia filosofia alimentare. Molti altri li troverete nelle prossime pagine.

In ogni caso, quando parliamo di nutrizione, la differenza la fanno sempre la quantità, la qualità, la soggettività di ognuno di noi. Perché se è vero che cucinare è un atto d'amore, non mi stancherò mai di ripeterlo, nutrirsi è anche e soprattutto un "atto di testa", dove il cervello conta come e più della pancia!

IL CARRELLO DELLA SPESA IDEALE

Come evitare errori in cucina e nell'alimentazione quotidiana? Semplice: bisogna fare la spesa perfetta, dobbiamo cioè scegliere quegli ingredienti che si possono combinare in tanti modi diversi e tutti ugualmente sani.
Ecco, questo è il carrello ideale!

Frutta e verdura

Cereali integrali

Latte e bevande vegetali

Frutta secca non salata

Spezie e aromi

Pesce azzurro fresco e surgelato

Legumi in scatola e surgelati

Olio evo

Cioccolato fondente

Yogurt greco

Pomodori secchi, acciughe e capperi

Farina di tipo 1, di tipo 2, integrale

Farina di ceci

GLI INDISPENSABILI IN CUCINA

Questi invece sono gli strumenti che non devono mai mancare
sul vostro piano di lavoro in cucina.
Ricordatevi di tenerli sempre ben in vista, altrimenti ve li dimenticherete!

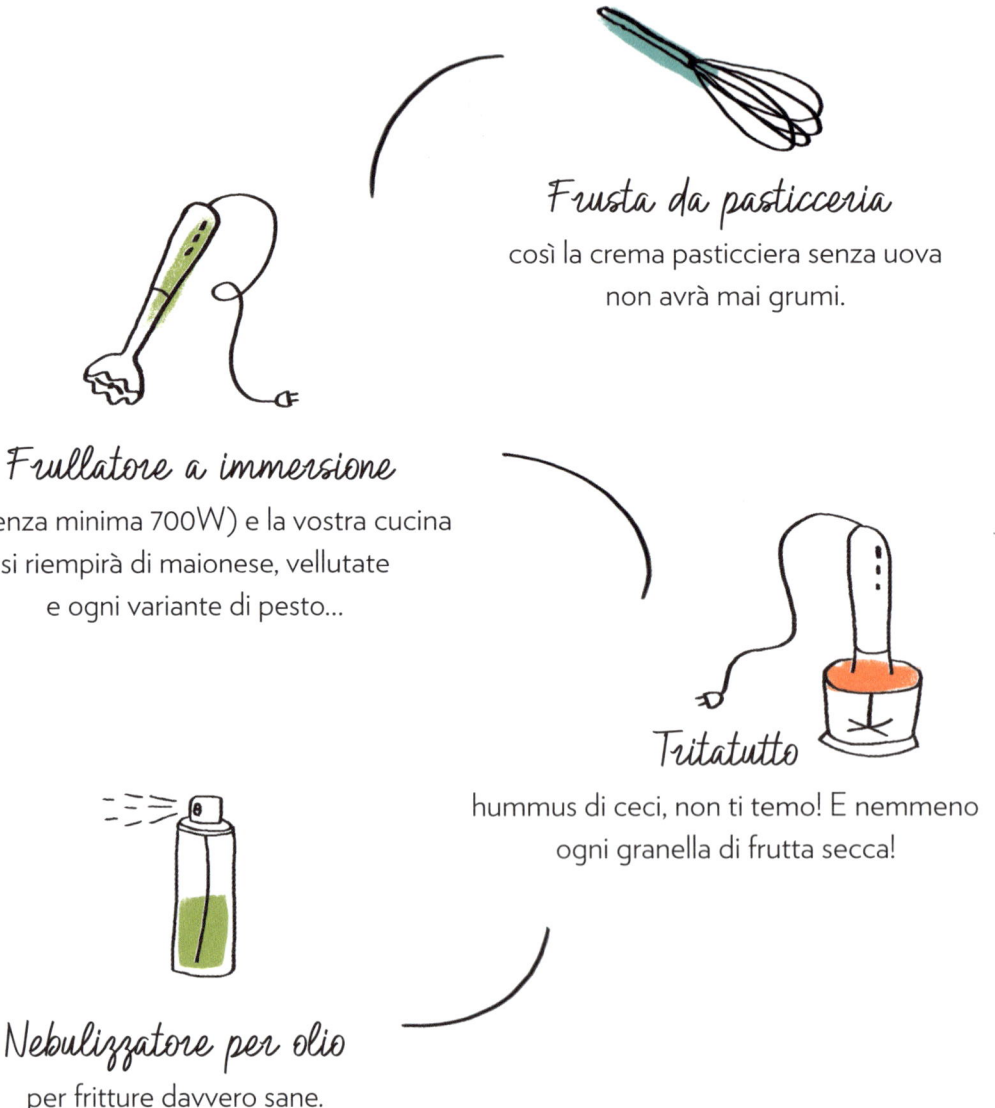

Frusta da pasticceria
così la crema pasticciera senza uova
non avrà mai grumi.

Frullatore a immersione
(potenza minima 700W) e la vostra cucina
si riempirà di maionese, vellutate
e ogni variante di pesto…

Tritatutto
hummus di ceci, non ti temo! E nemmeno
ogni granella di frutta secca!

Nebulizzatore per olio
per fritture davvero sane.

Grattugia
vi assicuro: serve sempre,
dallo zenzero alla carota.

Servigelato
perché oramai è d'obbligo polpettare!

Tagliere
perché è anche un ottimo sfondo
per le foto dei vostri piatti...

Coltello di qualità
solo così taglierete bene la verdura!

Piatti colorati e diversi
perché diverso è sinonimo
di unione e integrazione.

Padella antiaderente
così la vostra frittata di ceci
sarà sempre un successo.

OGGI

Mi chiamo Marco Bianchi, ho quarant'anni, vivo a Milano e sono un *food mentor*.
Grazie, bella scoperta, vi starete giustamente dicendo.
Quello che invece vorrei raccontarvi in questo libro è qualcosa in più su di me e sulla mia vita, a partire proprio da "come sono" adesso, da come mi sento in questo momento.
Già, perché quando compi quarant'anni è normale fermarsi un attimo e fare un bilancio, un punto della situazione per capire se stai procedendo nella direzione che volevi, se hai raggiunto qualcuno degli obiettivi che ti eri prefissato, o se magari ci sono aspetti che hanno bisogno di essere calibrati meglio o quantomeno in maniera diversa.
Che i quaranta siano i nuovi trenta? Chissà, può darsi.
Qualche giorno fa, gironzolando in rete, mi sono imbattuto nel questionario di Proust. Dopo averlo letto, ho pensato che sarebbe stato un buon modo per scattare un'istantanea di me, e che mi sarebbe piaciuto condividerla con voi.
Certo, il questionario non è proprio attuale (in effetti risale alla fine dell'Ottocento), ma mi sono anche detto che, nonostante il tempo passi e tutto intorno a noi cambi velocemente, i sentimenti e il cuore di noi uomini rimangono immutati nel corso dei secoli.
Ed è questa, per me, la cosa che conta più di ogni altra: aprirvi il mio cuore.
Questo sono io, oggi.

- **Il tratto principale del mio carattere:** puntiglioso, preciso.
- **La qualità che desidero in un uomo:** l'onestà, nell'animo e nel pensiero.
- **La qualità che preferisco in una donna:** le stesse che in un uomo, la chiarezza e la sincerità.
- **Quel che apprezzo di più nei miei amici:** la lealtà, la disponibilità.
- **Il mio principale difetto:** essere permaloso.
- **La mia occupazione preferita:** cucinare, perché è anche un atto d'amore.
- **Il mio sogno di felicità:** stare con le persone che amo di più.
- **Quale sarebbe, per me, la più grande disgrazia:** perdere la felicità di cui sopra.
- **Quel che vorrei essere:** un comunicatore ancora più forte.
- **Il paese dove vorrei vivere:** qui, in Italia.
- **Il colore che preferisco:** l'arancione.
- **Il fiore che amo:** le margherite e, anche se non sono fiori, le piante grasse.
- **L'uccello che preferisco:** il merlo.
- **I miei autori preferiti di prosa:** Italo Calvino, Giovanni Verga e Stephen King.
- **I miei autori preferiti di poesia:** Eugenio Montale.
- **I miei eroi preferiti nella finzione:** Superman.
- **Le mie eroine preferite nella finzione:** Wonder Woman.
- **I miei compositori preferiti:** Beethoven.
- **I miei pittori preferiti:** a dir la verità, non sono un grande appassionato d'arte…
- **I miei eroi nella vita reale:** Umberto Veronesi e i miei genitori.
- **Le mie eroine nella Storia:** Maria Montessori.
- **I miei nomi preferiti:** Andrea, Luca e Matteo per i maschi. Claudia, Giulia, Anna e Vivienne per le femmine.
- **Quel che detesto più di tutto:** la falsità.
- **I personaggi storici che disprezzo di più:** Hitler e in generale tutti quelli che mettono nell'angolo le persone.
- **L'impresa militare che ammiro di più:** anche se non è proprio "militare", la presa della Bastiglia.
- **La riforma che apprezzo di più:** il divieto di fumo nei luoghi pubblici.
- **Il dono di natura che vorrei avere:** essere immune dalle malattie.
- **Come vorrei morire:** in dolcezza.
- **Stato attuale del mio animo:** felice. Anzi, strafelice e completo.
- **Le colpe che mi ispirano maggiore indulgenza:** l'ignoranza.
- **Il mio motto:** fai oggi quel che potresti fare domani.

CIOCCOCAKE CON FRUTTA SECCA

INGREDIENTI PER 4 PERSONE

- 200 g di farina di tipo 1
- 80 ml di olio di semi di mais
- 200 ml di latte
- 50 g di nocciole tritate
- 50 g di mandorle tritate
- 50 g di noci tritate
- 20 g di semi di lino tritati
- 40 g di zucchero mascobado
- 200 g di scaglie di cioccolato fondente (anche uova di Pasqua avanzate)
- 1 bustina di lievito per dolci

Mescolare insieme gli ingredienti secchi e aggiungere poi tutti i liquidi.

Versare l'impasto in una tortiera rivestita con carta forno e infornare a 180 °C per circa 40 minuti.

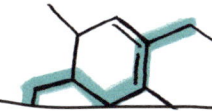

FRUTTA SECCA

30 grammi di frutta secca al giorno sono consigliati per mantenere forte e sano il nostro sistema cardiovascolare e ridurre i livelli di colesterolo cattivo.

IL CORVETTO

Chi non conosce Milano forse si starà chiedendo che cos'è il Corvetto. Be', è molto semplice: è il quartiere dove sono nato, sono cresciuto e vivo tuttora.

Si trova nella periferia sud-est della città, nel punto in cui il cavalcavia dell'A1 sovrasta e taglia letteralmente a metà il piazzale che dà il nome al quartiere. Passandoci sotto, spesso mi sono chiesto se chi l'ha progettato non volesse per caso far pregustare un po' di sole e aria di vacanza ai milanesi, visto che da qui si imboccano appunto le autostrade.

Ve ne voglio parlare perché è qui che ho le mie radici (la mia famiglia) e perché è qui che ho mosso i primi passi nel mondo. Nel bene e nel male.

È QUI CHE HO LE MIE RADICI

Già, perché il Corvetto, soprattutto in passato, era considerato una zona difficile, problematica, da cui se possibile era meglio girare alla larga. Per fortuna oggi non è più così, anzi, camminando per le sue vie si respira un'atmosfera vivace, multiculturale e di gran fermento, ma vi assicuro che negli anni Ottanta era tutta un'altra storia.

Immagino che vi sia capitato di sentir parlare della "Milano da bere", di quanto fosse scintillante, opulenta e alla moda. Ecco, sappiate che qui di quella Milano non si è vista neanche l'ombra, neanche un minuscolo bagliore in lontananza, nonostante il Corvetto sia, di fatto, a poco più di dieci minuti di metropolitana dal Duomo.

A volte avevo come l'impressione che fossero due città diverse, separate da un muro tanto invisibile quanto invalicabile: quella del centro, vorace e rampante, e quella dove stavo io, modesta e tormentata dalla piaga della droga.

Abitavo con i miei genitori e mia sorella in un grande complesso condominiale formato da otto palazzi disposti a croce con al centro un bel giardino, che sorgeva nella parte "buona" del Corvetto, quella che grossomodo faceva capo alla chiesa della Medaglia Miracolosa, una parrocchia molto viva che organizzava sempre un sacco di attività, come mercatini, gite e passeggiate. Lì frequentavo l'oratorio, facevo catechismo e la domenica mattina andavo a messa con papà. Sempre in questa parte del quartiere, in un angolo del piazzale, c'era la pasticceria dove mia madre il sabato pomeriggio mi portava a prendere un cono di panna montata dal sapore a dir poco celestiale. Quanti ne ho mangiati...

E poi c'era la parte "cattiva", o meglio "off limits", che si raccoglieva intorno alla chiesa di San Michele Arcangelo e Santa Rita e che era stata ribattezzata dagli abitanti del quartiere "chiesa di frontiera", per via degli episodi di microcriminalità e spaccio che si verificavano di continuo.

Giusto per darvi un'idea di quella che era la situazione, pensate che noi bambini non potevamo metter piede in nessuno dei parchetti della zona, perché lì i tossici andavano a bucarsi e gettavano le siringhe usate e ancora sporche di sangue, pronte a pungere il malcapitato di turno, come spesso infatti è successo.

Lo avrete intuito: negli anni Ottanta il Corvetto non era un posto facile in cui vivere, ma quando guardo indietro mi dico che in fondo è stato un bene.

Sì, perché noi siamo fatti dei ricordi che ci costruiamo, e io in queste strade ho costruito i miei. Alcuni sono belli, altri dolorosi, ma proprio tutti questi ricordi insieme mi hanno reso la persona che sono oggi.

E poi è al *Corvett* (come si dice in milanese) che tutto è cominciato, ed è qui, e soltanto qui, che mi sento a casa.

Entrare in quella pasticceria era una vera festa per gli occhi e il palato!

TORTA CREMOSA CON RICOTTA FRESCA, AMARETTI E CIOCCOLATO

INGREDIENTI PER 4 PERSONE

- 500 ml di latte
- 200 ml di acqua
- 170 g di polenta integrale istantanea
- 100 g di zucchero a velo
- 250 g di ricotta fresca
- 1 bustina di lievito per dolci
- 5 amaretti secchi
- 50 g di cioccolato fondente al 72%

Portare acqua e latte a bollore, aggiungere la polenta e cuocere mescolando di tanto in tanto.

A fine cottura aggiungere fuori dal fuoco la ricotta fresca, la bustina di lievito, gli amaretti sbriciolati, lo zucchero e il cioccolato.

Mescolare, quindi versare il composto in una tortiera e infornare a 160 °C per circa 50 minuti.

La prova dello stecchino non servirà perché è una torta umida. Sarà cotta quando sulla superficie si formerà una crosticina sottile e piena di grinze.

IL BILLY

Come vi ho raccontato prima, la parrocchia che frequentavo organizzava spesso delle attività, tra cui per esempio le passeggiate per genitori e bambini.

Ricordo che erano sempre affollatissime e che vi partecipavano, oltre agli asili e alle scuole, un sacco di famiglie del rione, e tra queste ovviamente anche la mia.

C'era chi camminava, chi correva, chi veniva in bicicletta, ognuno insomma era libero di muoversi come preferiva, ma al termine della camminata una cosa era identica per tutti i bambini: il premio.

Indovinate un po' di cosa si trattava? Di una Girella e del mitico Billy!

Chiunque sia stato bambino in quegli anni non può non averlo bevuto almeno una volta, perché era la bevanda dei piccoli per antonomasia.

Il Billy è stato infatti il primo succo di frutta in brick commercializzato in Italia, con tanto di cannuccia a righe bianche e rosse e per di più pieghevole. In pratica una rivoluzione, agli occhi di noi piccini. Per non parlare poi di quell'incredibile oggetto del desiderio che era la cintura porta-Billy, che ti veniva regalata dopo aver raccolto innumerevoli bollini.

Se mi concentro bene, mi sembra ancora di risentirne il sapore, e… be', a essere sinceri dell'arancia aveva ben poco, a parte un'immagine stilizzata e sorridente sulla confezione, una sorta di emoji ante litteram, adesso che ci penso.

Però di questo, negli anni Ottanta, pareva non importare a nessuno, né ai genitori né tantomeno ai bambini. All'epoca mancava quasi completamente la cultura dell'alimentazione sana, nessuno si prendeva la briga di leggere le etichette degli alimenti o si interrogava sulla loro provenienza. L'unica cosa che contava era che un cibo fosse una novità e che possibilmente arrivasse dagli Stati Uniti, e il Billy, con quella furbetta Y finale che faceva tanto America, centrava tutti gli obiettivi.

Immagino che questo atteggiamento "disinvolto" fosse una specie di reazione dei nostri genitori alla cucina tradizionale, al fatto che una volta tutto era preparato in casa con un gran dispendio di tempo ed energie. Per questo, l'arrivo delle merendine confezionate, dei cibi precotti e dei surgelati era stato un tale boom. Senza contare che sempre in quegli anni cominciavano a spuntare qua e là i primi supermercati, zeppi di tutte queste sintetiche, ma allegrissime, "novità". Già, perché fino ad allora la spesa si faceva al mercato della zona oppure si andava di bottega in bottega: dal macellaio, dall'ortolano, dal panettiere, dal droghiere, dal salumiere eccetera.

Naturalmente anche casa mia non era immune dal fascino di questi cibi "nuovi", e io dal canto mio ne ero a dir poco ghiotto.

Finché un giorno un mio amichetto ha urlato: "Marco è un ciccione!".

E questa è tutta un'altra storia.

ESTRATTO DEL MIO CUOR

INGREDIENTI PER 4 PERSONE
- 1/2 barbabietola cruda
- 1 mela
- 1 pezzetto di ananas

oppure

- 1/2 mela
- 1/2 pera
- 1/2 finocchio
- 1 arancia

Pulire la frutta e la verdura, quindi inserirla a pezzetti nell'estrattore. Il gioco è fatto!

Se volete aggiungere proteine frullate insieme alla frutta uno yogurt greco magro.

SIAMO FATTI COSÌ

Quand'ero bambino il mio cartone animato preferito era senz'ombra di dubbio *Siamo fatti così*.

Qualcuno di voi se lo ricorda?

Massì, dài, era quello che raccontava il funzionamento del nostro corpo e dei nostri organi attraverso delle figure umanizzate. C'erano per esempio i globuli bianchi, ovviamente bianchi e con il manganello in mano; i sali erano delle piccole saliere ambulanti; i virus assomigliavano a vermetti gialli e poi c'era il mio favorito, Globus, un grande globulo rosso anziano e saggio che sapeva tutto. Ero talmente appassionato di questo cartone che mi ero fatto comprare da mia madre l'intera collezione di VHS con tanto di modellino del corpo umano da costruire!

Se non stavo in casa a guardare la tv, mi piaceva un sacco trascorrere i pomeriggi nel giardino condominiale dove raccoglievo piccoli insetti, formiche e foglie che poi portavo nella mia camera e analizzavo con il microscopio. Dopodiché li riponevo nelle scatolette trasparenti dei formaggini (quelle del Bel Paese, per intenderci), li catalogavo e li chiudevo nell'ultimo cassetto della mia cassettiera. Vi giuro che ce ne sarà stato almeno un centinaio!

Sono sempre stato convinto che la mia passione per il mondo scientifico sia nata proprio in quel periodo, quando anziché giocare a calcio o scorrazzare in bicicletta con i miei compagni preferivo starmene per ore a osservare con incanto e curiosità le meraviglie della natura.

Come avrete intuito, ero un bambino piuttosto solitario. Questo però non dipendeva soltanto da un'attitudine personale o dai miei interessi; il fatto era che la mia fisicità, diciamo pure "abbondante", mi creava un bel po' di problemi con gli altri bambini, che avevano cominciato a prendermi in giro perché avevo le "tettine" e il "sederotto", perché non correvo bene e non ero agile e scattante come loro.

Con il senno di poi, devo ammettere che all'epoca sia la mia alimentazione sia la mia golosità avevano contribuito parecchio a farmi diventare il bambino cicciottello che ero.

Pensate che la mia merenda quotidiana era a base di Fonzies, maionese e olive denocciolate. E per rendere il momento ancora più divertente, e se possibile più calorico, avevo inventato anche un gioco.

Riempivo due olive di maionese e poi ci infilavo la patatina in mezzo, come a formare una sorta di bilanciere con cui facevo sollevamento pesi con il dito. Vi lascio immaginare quante ne ingurgitassi con questo sistema, oltre a quanti grassi!

Oggi non permetterei mai a mia figlia Vivienne di nutrirsi in quel modo. Quando il pomeriggio vado a prenderla dopo la lezione di danza, la sua merenda è una bella coppa di macedonia oppure qualche quadratino di cioccolato fondente per darle un po' di energia, oppure una fetta di dolce preparato da me.

Dopo aver provato sulla mia pelle gli effetti, visibili e invisibili, di una cattiva alimentazione, ho capito una cosa fondamentale: il più grande atto d'amore verso noi stessi è nutrirci in maniera sana e corretta.

E solo avendo rispetto per il nostro corpo e la nostra salute vivremo in serenità e armonia con ciò che ci circonda.

> IL PIÙ GRANDE ATTO D'AMORE VERSO NOI STESSI È NUTRIRCI IN MANIERA SANA E CORRETTA

È importante che anche la merenda sia sana!

TRAMEZZINO TONNO, INSALATA E MAIONESE

INGREDIENTI PER 4 PERSONE

- 160 g di tonno al naturale
- 1 cucchiaio di capperi sottaceto
- 4 pomodori secchi sottolio
- 100 g di maionese senza uova (vedi ricetta)
- 4 foglie di insalata iceberg
- 12 fette di pane in cassetta integrale

Per la maionese senza uova

- 50 ml di bevanda vegetale a base di soia non zuccherata
- 110 ml di olio di semi di girasole o di semi di mais
- 1 cucchiaio di aceto di mele o succo di limone
- sale q.b.
- la punta di 1 cucchiaino di curcuma

Preparare la maionese: basta montare con un frullatore a immersione alla massima velocità tutti gli ingredienti e lasciarla raffreddare prima di servirla. Attenzione a non esagerare con la curcuma, ne basta una puntina per dare un bel colore acceso alla vostra maionese.

Mentre la maionese si raffredda, sgocciolare il tonno e tritare al coltello i pomodori secchi insieme ai capperi, quindi mescolare al tonno.

Assemblare il proprio sandwich con insalata, tonno, capperi e pomodori secchi e ovviamente tanta maionese!

LA SALTAFOSS

Negli anni Ottanta, quasi tutti i maschietti avevano un sogno: la Saltafoss.

Sono sicuro che chi di voi l'ha vista non può assolutamente averla dimenticata!

Era una bicicletta da cross che agli occhi di noi bambini sembrava una moto. Aveva infatti le ruote da sterrato, le sospensioni, i parafanghi grossi e bombati e un sellino da sballo. Già, perché il sellino in pelle nera era lungo e morbido e ricordava proprio quello di una Harley in miniatura. Infine, a completare questo piccolo capolavoro, sul davanti c'era un numero di gara. Impossibile non volerla!

Naturalmente era in cima anche alla mia lista dei desideri, peccato che i miei genitori anziché comprarmi l'originale mi avessero regalato un'imitazione. E questo, quando sei un bambino e non sei nemmeno molto inserito tra i tuoi compagni, crea qualche disagio.

Ad ogni modo, la bici finalmente ce l'avevo e bisognava pur usarla. Così, se la domenica mattina c'era il sole, papà, mia sorella e io montavamo in sella e andavamo a farci delle pedalate nei dintorni. Talvolta arrivavamo fino all'abbazia di Chiaravalle, che nonostante si trovasse ad appena un paio di chilometri da casa nostra a me pareva la destinazione di una grande avventura. Oppure più soventi la usavo per andare in panetteria a comprarmi enormi sacchetti di focaccine ben intrise d'olio.

Ben presto però persi interesse per queste gite domenicali (al contrario di mio padre che era uno sportivo) e per la bicicletta in generale, e dopo l'ennesimo sfottò da parte degli altri bambini decisi di lasciare la finta Saltafoss in garage a prender polvere.

Non è che con gli altri sport sia andata meglio, anzi.

Dato che mia sorella, di sei anni più grande di me, nuotava a livello agonistico, ai miei genitori sembrò logico mandare anche me in piscina. Solo che quello che vale per un fratello non vale per l'altro e, manco a farlo apposta, io detestavo il corso di nuoto. Perciò, dopo mille capricci, pianti e strepiti, cuffia e costume da bagno vennero confinati sul ripiano più alto dell'armadio.

Poi fu la volta del corso di ginnastica – quella che allora era chiamata "ginnastica correttiva" – che, attraverso esercizi a corpo libero, doveva servire a correggere alcuni dei problemi, per esempio la scoliosi, causati dagli zainoni che si usavano in quegli anni. Ma pure in quel caso non mi appassionai affatto e mia mamma mi fece smettere. Provai allora con la pallavolo, il calcio e un altro tipo di ginnastica che si praticava con la musica in sottofondo, attività piuttosto innovativa all'epoca.

Inutile dirvi che mollai ogni corso alla terza o quarta lezione.

Insomma, sembrava proprio che io e lo sport fossimo due rette parallele, destinate a non incrociarsi mai, anche perché mi ritrovavo sempre a confrontarmi con bambini che erano più tonici, muscolosi e bravi di me, senza contare che il mio corpo goffo e pesante mi faceva vergognare parecchio.

Per fortuna crescendo la situazione è migliorata: ho cambiato la mia alimentazione, mi sono dedicato all'atletica e mi sono rimesso in forma.

Allora però non potevo sapere che sarebbe andata così e soffrivo. E più soffrivo, più mi ingozzavo di schifezze e di caramelle, caramelle, caramelle...

FOCACCINE ALLO YOGURT

INGREDIENTI PER 4 PERSONE

- 500 g di farina di tipo 1
- 250 ml di acqua
- 50 ml di olio evo
- 150 g di yogurt greco magro
- 1 bustina di lievito di birra disidratato
- 1 pizzico di sale
- origano q.b.

Mescolare insieme tutti gli ingredienti fino a ottenere un impasto omogeneo e molto appiccicoso (si tratta infatti di un impasto ad alta idratazione).

Lasciarlo lievitare per 1 ora in una ciotola precedentemente oliata e coperta, meglio ancora se all'interno di un forno spento con la luce accesa.

Trascorso questo tempo, prendere l'impasto e formare delle palline utilizzando due cucchiai, quindi disporle sulla teglia del forno oliata.

Lasciarle lievitare per altre 2 ore, ricoprire la superficie di origano e olio evo e infornare a 180 °C per 20 minuti circa.

IL MERLO

Mio nonno materno si chiamava Eurico e di lui ho un ricordo dolcissimo.

Abitava poco distante da noi e la domenica mattina, anziché andare in bicicletta, preferivo portargli il giornale e restare a fargli compagnia. Indovinate perché? Perché nonno Eurico amava cucinare ed era pure bravissimo, tanto che ai fornelli ci stava sempre lui.

Quando arrivavo, dopo aver scambiato due chiacchiere in soggiorno con la nonna, lo raggiungevo in cucina, dove ci mettevamo a preparare salse e sughi, che insieme agli arrosti erano la sua specialità. Adoravo quei momenti, anche perché il nonno, che era molto preciso e metodico, mi mostrava le ricette passo passo in modo che capissi bene tutto il procedimento e non dimenticava mai di ribadire l'importanza della scelta degli ingredienti. Ecco, sì, su questo mi teneva quasi delle lezioni e si dilungava parecchio a spiegarmi dove aveva comprato cosa e perché aveva scelto un pomodoro pachino piuttosto che un cuore di bue, per esempio.

> NONNO EURICO AMAVA CUCINARE ED ERA PURE BRAVISSIMO

Mentre ero lì con lui ad aspettare che il sugo fosse pronto (il nonno lo faceva sobbollire per almeno due ore), succedeva anche un'altra cosa che mi sembrava quasi una magia, un po' come quando osservavo i cibi trasformarsi durante la cottura: sul davanzale si posava sempre un merlo che batteva con il becco sul vetro. Allora aprivamo la finestra, il nonno gli dava qualche briciola di pane e il merlo le becchettava contento. Dopodiché emetteva un fischio di ringraziamento e volava via, lasciando ogni volta il nonno con gli occhi umidi di commozione. Nonno Eurico era così, si emozionava fino alle lacrime per gli animali e… per le vittorie di Valentino Rossi, di cui era un tifoso sfegatato.

Oltre a essere un ottimo cuoco e un animo sensibile, il nonno era anche il mio modello di stile. Sempre impeccabile in giacca e cravatta, d'inverno indossava il loden e non rinunciava mai al cappello. Ne aveva diversi, ma quello che preferivo era il basco, e infatti ne avevo voluto uno praticamente identico. E fin qui, niente di strano.

Immaginatevi però la situazione: tutti i ragazzini della mia età avevano il cappellino con la visiera portato "alla Jovanotti" e i jeans. E poi c'ero io con i pantaloni di fustagno, sotto cui talvolta mettevo la calzamaglia tirata praticamente fin sotto le ascelle, il papillon e il basco in testa.

Un colpo d'occhio quantomeno singolare, non trovate?

Eppure difendevo il mio basco con tutto me stesso, accampando motivazioni tipo: "Ehi, guardate che è il cappello che usavano tutti i grandi pittori!", che alle orecchie dei miei compagni suonavano decisamente ridicole e inefficaci.

Sono passati davvero tanti anni da quel basco, e di una cosa oggi sono felice: quando mi capita di vederne uno in testa a qualche persona, non ripenso mai ai commenti stupidi dei miei coetanei, ma agli occhi velati di dolcezza di nonno Eurico e al suo modo gentile di guardare il mondo.

SUGO AI QUATTRO POMODORI

INGREDIENTI PER 4 PERSONE
- 10 pomodori datterini
- 400 ml di passata di pomodoro
- 5 pomodori secchi sottolio
- 1 cucchiaino di concentrato di pomodoro
- 4 cucchiai di olio evo
- 1/2 cucchiaino di cipolla essiccata
- 10 foglie di basilico

In una casseruola versare tutti gli ingredienti elencati, eccetto il basilico.

Far sobbollire dolcemente per circa 20 minuti, quindi unire metà delle foglie di basilico e proseguire la cottura per altri 10 minuti a fiamma più viva. Trascorso questo tempo, aggiungere il rimanente basilico, frullare il tutto e servire su pane, pasta...

Per insaporire il sugo potete aggiungere un cucchiaio di capperi sotto sale risciacquati.

LA MACCHINA DA SCRIVERE

È arrivato il momento che vi sveli due cose che riguardano la mia infanzia.

La prima è che ero davvero un gran "mammone", la seconda è che ero il classico alunno modello.

Adesso vi racconto.

Con mia mamma ho sempre avuto un legame fortissimo, direi quasi simbiotico. Dove c'era lei, c'ero io o, per essere più precisi, *avrei voluto* esserci io. Infatti non volevo staccarmi da lei nemmeno per un istante, desideravo starle sempre accanto e trascorrere ogni minuto della giornata al suo fianco. Ma ovviamente questo non era possibile.

E così quando mi accompagnava all'asilo io piangevo disperato, per non parlare delle volte in cui, mentre giocavo con gli altri bambini nel giardino della scuola materna, la vedevo camminare sul marciapiede impegnata a sbrigare delle commissioni. Allora correvo verso la recinzione e mi aggrappavo alle sbarre supplicandola tra le lacrime di portarmi via con lei, di non lasciarmi lì da solo.

> CON MIA MAMMA HO SEMPRE AVUTO UN LEGAME FORTISSIMO

Come potrete ben immaginare, era una situazione davvero straziante, sia per me sia per lei.

Quando sono diventato più grandicello, ho imparato a non fare più queste scenate e ad accettare il distacco quotidiano imposto dalla scuola. Tuttavia non appena tornavo a casa volevo mamma tutta per me, e su questo non transigevo.

Ed ecco che qui subentra la seconda parte del racconto…

Dopo pranzo e prima di guardare i cartoni animati di *Bim bum bam* c'era il momento dei compiti, che a casa Bianchi si svolgeva in maniera alquanto singolare. Ricordo che mi sedevo al tavolo della cucina con la mamma tassativamente vicino a me, poi aprivo il sussidiario e leggevo la lezione del giorno. A quel punto gliela ripetevo, e lei non soltanto doveva ascoltarmi, ma – e qui viene la parte interessante – doveva battere a macchina ciò che dicevo, in modo che io potessi studiare una versione già rielaborata da me e con le mie parole.

Non crediate che questo metodo di studio si sia limitato a qualche sporadico episodio o a un determinato periodo: la dettatura delle lezioni è avvenuta tutti i pomeriggi più o meno dalla terza elementare fino alla terza media, esame finale incluso.

Oggi che sono papà e vedo le cose da una prospettiva diversa, penso che mia mamma abbia avuto un'immensa pazienza con me, pazienza che forse ha quasi rasentato la dedizione assoluta. Di questo non smetterò mai di ringraziarla, perché è stata capace di consolarmi, rassicurarmi e indirizzarmi con la sua voce calma e la sua presenza avvolgente.

Dal canto mio, io almeno ripagavo il suo impegno portando a casa sempre dei bei voti e delle ottime pagelle, di cui lei andava molto fiera e che, a essere sinceri, erano anche un po' merito della sua sconfinata disponibilità.

Non escludo di avere ancora questi appunti, e un giorno devo assolutamente cercarli e portarglieli per rileggerli insieme, magari mentre facciamo merenda con uno snack sano, non come le merendine confezionate che, all'epoca, erano il mio spuntino quotidiano.

Le merendine sono alimenti ad alta densità energetica: danno energia senza nutrire.

SNACK 2.0

INGREDIENTI PER 4 PERSONE

- 150 g di pane carasau
- rosmarino q.b.
- olio evo q.b.
- sale q.b.

Uno snack semplice, che amo tantissimo. Quando ne preparo di più, lo mangio tutto. Insomma, attenzione: può creare dipendenza.

Accendere il forno a 150 °C. Prendere i fogli di pane carasau interi e sistemarli su una teglia rivestita con carta forno. Spennellare o nebulizzare la superficie con olio evo, qualche granello di sale e rosmarino. Infornare per pochi minuti.

Bisogna fare attenzione, perché essendo molto sottile il pane brucia in frettissima. La cottura è di 2-3 minuti al massimo. Lasciar raffreddare e poi spezzettarlo grossolanamente con le mani.

INVICTA

Quando andavo a scuola, quasi tutti, dalle elementari alle superiori, avevano lo zaino Invicta.

Dico "quasi" perché c'era anche qualcuno con il Seven, l'unico e coraggioso antagonista, che sembrava fosse stato creato apposta per alimentare un'altra delle grandi *querelle* che hanno animato i decenni Ottanta e Novanta, tipo: Lorella Cuccarini o Heather Parisi? Duran Duran o Spandau Ballet? *Dallas* o *Dynasty*? Maradona o Platini?

Naturalmente anch'io avevo un Invicta, ma i ricordi legati a quello zaino e a quel periodo della mia vita sono tutt'altro che belli.

Vi ho già raccontato che ero cicciottello, che ero bravo a scuola, che ero mammone e che amavo isolarmi ad analizzare gli insetti con il mio microscopio. Quello che però non vi ho ancora raccontato è che qualche volta, a dire il vero spesso, sono stato bullizzato. Era un po' come se le caratteristiche che vi ho appena elencato, se sommate in un'unica persona, non potessero che condurre a quel risultato: diventare vittima dei bulli. Insomma, ero una specie di predestinato.

In quegli anni, poi, non c'erano le campagne di sensibilizzazione che ci sono adesso: non se ne parlava, il pensiero dominante era che i bulli ci sono stati in passato, ci sono oggi e ci saranno domani, e che qualche "scherzo" pesante o presa in giro non è poi la fine del mondo.

Be', mica tanto...

Ancora oggi, infatti, se dovessi descrivere con un colore quel periodo userei senz'ombra di dubbio il nero, nero come le notti da incubo che passavo all'idea di andare a scuola l'indomani.

Praticamente ogni giorno, un gruppetto di ragazzini più grandi di me mi aspettava al termine delle lezioni per "accompagnarmi" a casa. Appena mi vedevano, cominciavano a seguirmi urlandomi dietro offese e insulti per il mio aspetto e per come camminavo, poi non contenti sollevavano il mio Invicta nero e verde per la maniglia e mi assestavano dei bei calcioni sul sedere.

Vi lascio immaginare che trauma fosse per me l'uscita da scuola.

Spesso cercavo di tornare a casa con una compagna che abitava dalle mie parti, ma non sempre riuscivamo a organizzarci e allora io facevo la strada di corsa in preda all'ansia, terrorizzato che all'improvviso saltassero fuori i bulli.

Un altro momento che detestavo era il giorno di san Firmino, in cui c'era l'usanza di ricoprire il malcapitato di turno di scritte oppure di schiuma da barba. E tra i vari malcapitati chi non poteva mai mancare? Io, ovviamente! Così mi prendevano di forza e mi conciavano da buttar via.

> SE DOVESSI DESCRIVERE CON UN COLORE QUEL PERIODO USEREI IL NERO

Mille volte avrei voluto ribellarmi, difendermi e farmi valere, ma purtroppo non ne ero in grado. Mille volte avrei voluto essere diverso, mille volte avrei voluto trasformarmi nell'incredibile Hulk oppure ingoiare una lattina di spinaci per diventare forte come Braccio di Ferro. A proposito di spinaci, esistono davvero dei cibi che ci possono rendere più forti, sono quelli a base di ferro e proteine.

Quanti ne avrei mangiati, se solo l'avessi saputo...

Spinaci e legumi forniscono un grande apporto di ferro.

Versare qualche goccia di limone aiuta ad assimilare il ferro presente negli alimenti.

POLPETTE DI CECI E SPINACI

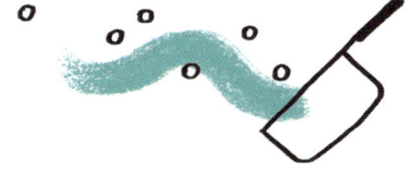

INGREDIENTI PER 4 PERSONE

- 250 g di ceci lessati
- 150 g di spinaci surgelati
- 80 g di pecorino
- 1 ciuffo di prezzemolo
- qualche fogliolina di menta
- pane grattugiato q.b.
- sale q.b.
- pepe q.b.
- 4 cucchiai di olio evo + q.b.

Spadellare gli spinaci affinché perdano la loro acqua, semplicemente con un filo di olio.

In una ciotola unirli a ceci lessati, pecorino, menta, prezzemolo, 4 cucchiai di olio evo, sale e pepe. Frullare con un frullatore a immersione prestando attenzione a non rendere tutto omogeneo: alcuni ceci dovranno restare interi o quasi! Se fosse necessario, aggiungere acqua o pane grattugiato: l'impasto infatti dovrà risultare morbido, ma non liquido.

Formare delle palline, possibilmente utilizzando un servigelato, e passarle in padella con un filo di olio evo oppure in forno per 20 minuti a 220 °C.

IL PRANZO DELLA DOMENICA

Diciamocelo: per noi italiani il pranzo della domenica è sempre stato un rito quasi sacro.

Naturalmente oggi le cose non sono più come una volta, soprattutto nelle grandi città, dove questa tradizione si è quasi del tutto persa oppure è stata sostituita dal nordico brunch.

Ricordo invece che quando ero bambino il pranzo della domenica era il momento in cui mamma ci coccolava preparandoci il piatto che tutti in famiglia adoravamo, ovvero le cotolette alla milanese con il purè.

Sapevo che qualcosa di buono stava letteralmente bollendo in pentola fin dall'istante in cui il fischio della pentola a pressione, che mamma usava per cuocere le patate, mi svegliava.

A quel punto mi alzavo di colpo, correvo a lavarmi e a vestirmi e poi la raggiungevo in cucina, dove la aiutavo a pelare e a schiacciare le patate con lo schiacciapatate, perché mi divertivo un sacco a veder uscire tutti quei vermicelli dai forellini sul fondo! Dopodiché le stavo accanto durante la preparazione vera e propria, passandole gli ingredienti come un piccolo aiuto cuoco: il latte intero, l'emmental, il burro, il grana...

Una volta pronto il purè, veniva il turno delle cotolette: bisognava prima bagnarle nell'uovo, poi rigirarle nel pane grattugiato e infine friggerle in abbondante burro. Procedevamo così a lungo, finché sul piatto di portata non si era accumulata una piccola montagnola di cotolette.

Quando finalmente ci sedevamo a tavola, io, che avevo l'acquolina in bocca già da ore, mi avventavo famelico su quelle delizie che avevano il potere di farmi dimenticare immediatamente qualsiasi cosa spiacevole mi fosse capitata durante la settimana.

IL PRANZO DELLA DOMENICA PER ME AVEVA IL GUSTO DELLA FELICITÀ

Mmm... mi sembra quasi di risentire la fragrante croccantezza delle cotolette che si sposava alla perfezione con la consistenza morbida e vellutata del purè, in un'armonia di gusti che mi faceva quasi girare la testa.

Adesso che ci ripenso, non ho più dubbi: da bambino il pranzo della domenica per me aveva decisamente il gusto della felicità.

Non è facile descrivervi che cosa intendessi di preciso con felicità all'epoca, né tantomeno che cosa sia la felicità in generale, però posso dirvi che durante quelle domeniche, fin dal risveglio, si accendeva in me una fiammella calda e luminosa che mi accompagnava per tutta la giornata, regalandomi una sensazione di pace, serenità e protezione.

Che il gusto della felicità fosse ritrovarmi nel mio cerchio della sicurezza?

Immagino di sì, ma la cosa più bella è che nel corso degli anni il mio cerchio della sicurezza si è ampliato sempre più, arrivando a includere persone speciali che hanno aggiunto nuovi gusti alla mia felicità.

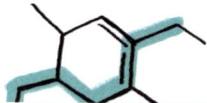

IL **LIMONE** CHE FA BENE

La scorza del limone contiene sei volte più vitamina C del suo succo. L'importante però è usare limoni non trattati. E ricordate che questo agrume dalle mille virtù può essere impiegato sia per il dolce sia per il salato.

COTOLETTA CON STICK DI PATATE DOLCI

INGREDIENTI PER 4 PERSONE

- 200 g di ceci lessati
- 200 g di fagioli cannellini lessati
- 1 grossa patata a pasta gialla
- 2 patate dolci a pasta arancione
- 1 cucchiaino di paprika dolce
- 3 cucchiai di olio evo
- sale q.b.
- 3 rametti di rosmarino
- 5 cucchiai di pane grattugiato

Lavare con cura le patate dolci, tagliarle in stick più o meno della stessa dimensione, porle sulla teglia del forno e cuocerle per circa 45 minuti a 220 °C, dopo averle nebulizzate con olio evo e averle condite semplicemente con il rosmarino.

Preparare intanto la cotoletta. Frullare ceci e fagioli, utilizzando un frullatore a immersione e una ciotola: ne risulterà un composto piuttosto pastoso che andrà messo poi in frigorifero. Nel frattempo lessare la patata, pelarla e lasciarla raffreddare, quindi schiacciarla e unirla al composto. Condire con olio, sale e paprika.

Con le mani unte o usando dei cucchiai, lavorare il composto fino a ottenere dei burger grandi e piatti, tipo una cotoletta. Impanare e cuocere in forno o in padella, con poco olio evo, fino a doratura.

IL BURGHY

"Più gusto di Burghy nessuno ti dà!"

Che sante parole! E che musica per le mie orecchie di bambino!

Non preoccupatevi, non sono impazzito di colpo, è che mi è ritornato in mente il claim della pubblicità di Burghy e mi sono ricordato di tutte le volte in cui ci ho mangiato.

Forse a chi è più giovane di me, o a chi non è di Milano, questo nome non dice nulla, allora vi racconto brevemente di cosa si trattava.

Il Burghy in buona sostanza è stato uno dei primissimi fast food ad aprire in Italia e per la precisione a Milano, in piazza San Babila. All'epoca era stata una vera e propria rivoluzione, perché nessuno mangiava hamburger e patate fritte con il ketchup. Figurarsi! Quelli erano cibi che si vedevano soltanto nei telefilm o nei film americani, di sicuro non sulle nostre tavole ancora molto improntate alla tradizione.

Dovete sapere anche che in quegli anni tutto ciò che arrivava da oltreoceano era considerato il top, gli Stati Uniti erano il simbolo di una società libera, moderna, in corsa verso il futuro. E naturalmente anche noi in Italia non volevamo essere da meno, perciò ecco nascere Burghy, la versione nostrana di McDonald's.

Fu subito un successone, tanto che i punti vendita si moltiplicarono in fretta e quello di piazza San Babila diventò addirittura il ritrovo preferito di un gruppo di ragazzi che indossavano il Moncler, i jeans Americanino e le cinture del Charro con la fibbia tonda in metallo: i famosi paninari.

Come molti, anch'io volevo provare la novità e devo ammettere che gli hamburger hanno letteralmente conquistato il mio palato. Anzi, altro che conquistato, direi piuttosto sedotto, inebriato, stregato!

Quasi ogni settimana mi facevo accompagnare dai miei genitori al Burghy di corso Vittorio Emanuele e lì mi strafogavo di panini (di solito almeno due o tre, oppure facevo a gara con mio papà a chi mangiava di più...), patatine, salse e Coca-Cola, con buona pace del mio girovita.

Oggi il mio fast food preferito è quello 100% vegetale, Flower Burger, dove sono protagonisti i legumi e i colori della nostra frutta e verdura. Non solo l'arredo è colorato e dentro si respira un'atmosfera friendly un po' da "figli dei fiori", ma sono colorati anche i panini. C'è per esempio quello giallo fatto con la curcuma, quello nero fatto con il carbone vegetale e poi c'è il mio preferito, quello viola fatto con l'estratto di ciliegia. Che meraviglia potersi finalmente togliere lo sfizio di un gustoso hamburger senza sensi di colpa!

> GLI HAMBURGER HANNO LETTERALMENTE CONQUISTATO IL MIO PALATO

VEG BURGER CHE PASSIONE

Preparare un hamburger vegetale è semplicissimo. E per renderlo completo dal punto di vista proteico basta combinare insieme legumi e cereali, meglio se integrali. Oppure mangiarlo direttamente con il pane. Più facile di così!

BURGER VEGETALI

INGREDIENTI PER 4 PERSONE
- 350 g di ceci lessati
- 1 rametto di rosmarino
- 4 cucchiai di olio evo
- sale q.b.
- pepe q.b.
- scorza di 1 limone non trattato

Frullare gli ingredienti (del rosmarino utilizzare solo gli aghi) in un robot da cucina fino a ottenere un impasto piuttosto morbido ma che si possa lavorare con le mani. Lavorarlo conferendo la forma tipica del burger, una polpetta appiattita.

Ripassarli in padella antiaderente, ben oliata, oppure in forno a 170-180 °C massimo (oltre, il burger si seccherebbe) per circa 20 minuti.

Al posto dei ceci potete usare lenticchie e curry.

LORELLA

Adesso vi svelo un altro segreto, siete pronti?

Da ragazzino ero completamente pazzo di Lorella Cuccarini. E quando dico "completamente" non esagero. O forse quando dico "pazzo"? Be', poco importa, tanto il succo non cambia.

Mi piaceva tutto di lei: il suo aspetto, la sua simpatia, i suoi modi gentili e affabili, la sua voce, il suo corpo mentre danzava. Soltanto Lorella era in grado di stregarmi e incantarmi così, al punto che a volte avevo l'impressione che mi avessero fatto bere a mia insaputa un potentissimo filtro d'amore. Pensate che ritagliavo ogni articolo di giornale in cui si parlava di lei o foto che la ritraevano e li incollavo sulla mia Smemoranda, seguivo tutte le sue trasmissioni e molto spesso la domenica mi appostavo fuori dagli studi di Canale 5 a Cologno Monzese con la mia amica Sara per vederla.

In quegli anni, infatti, Lorella presentava *Buona Domenica* insieme a Marco Columbro e la cosa fantastica era che la sigla cominciava fuori dagli studi, così io avevo modo di ammirarla cantare e ballare proprio davanti a me, a pochi metri di distanza. Non vi dico che emozione, il cuore mi martellava nel petto!

> AVEVO MODO DI AMMIRARLA CANTARE E BALLARE PROPRIO DAVANTI A ME

Dato che il programma iniziava nel primissimo pomeriggio e che non volevo perdermi nemmeno un istante della sigla, Sara e io ci portavamo il pranzo al sacco, che mangiavamo in piedi dietro il cancello d'accesso.

Immagino che non faticherete a credermi se vi dico che i miei panini (ovviamente mai uno solo!) erano un concentrato di calorie e trigliceridi. Giusto per la cronaca, sappiate che il mio preferito era a base di salame e di uno strato, spesso almeno un dito, di maionese, a cui di solito ne seguiva un altro farcito con prosciutto cotto e sottiletta.

Ma a chi importava di queste "inezie", quando avevo Lorella davanti agli occhi? In quel momento contava soltanto poterla avvicinare e magari scattarle qualche foto.

Ah, ecco, non credo di avervi ancora raccontato della mia passione per la fotografia, che in quegli anni era rivolta in particolare ai ritratti dei vip.

Tutto era cominciato un'estate al mare, la sera in cui mio padre mi aveva indicato Gino Paoli e mi aveva detto: "Marco, perché non vai a scattargli una foto e a chiedergli un autografo?".

E da lì non mi sono più fermato, ho continuato a fotografare personaggi famosi a lungo, riempiendo diversi album di foto, di cui uno intero dedicato solo a Lorella.

L'occasione migliore per fare incetta di scatti vip era il giorno della premiazione dei Telegatti. Sapete perché? Perché mia sorella aveva un amico che lavorava all'aeroporto di Linate e che mi permetteva di stare con lui agli arrivi dei voli da Roma, da dove scendevano un sacco di volti noti che io prontamente immortalavo.

Devo ammettere, però, che nulla mi dava soddisfazione quanto fotografare Lorella. In fondo ogni artista non ha forse la sua musa?

Procuratevi subito un'ottima padella antiaderente e voltate pagina!

PANINI CON FRITTATA DI CECI, SGOMBRO E POMODORO

INGREDIENTI PER 4 PERSONE

- 8 panini multicereali
- 500 g di sgombro al naturale
- 2 pomodori maturi
- 2 cucchiai di concentrato di pomodoro
- succo di 1 limone
- 60 g di maionese senza uova (vedi p. 33)

Per la frittata di ceci

- 1 tazza di farina di ceci
- 2 tazze di acqua tiepida
- 2 cipolle
- 3 pizzichi di sale
- 1 pizzico di pepe nero
- 1/2 cucchiaino di curry
- olio evo q.b.

Unire una tazza di farina di ceci (una tazza da circa 500 ml e una padella di 25 cm di diametro sono ideali per 4 persone) a due tazze di acqua tiepida, e con una frusta di acciaio o un frullatore a immersione emulsionare per bene: non devono restare grumi. Aggiungere il sale, il pepe nero, il curry e un paio di cucchiai di olio evo. Mescolare ancora e lasciar riposare per una decina di minuti.

Nel frattempo affettare finemente le cipolle, unirle all'impasto e versarlo nella pentola antiaderente quando sarà ben calda sul fuoco, ricordandosi di oliarla precedentemente. Far cuocere per circa 10 minuti per lato. Nella versione al forno, non ci si dovrà preoccupare di girare la "frittata"!

A cottura ultimata, preparare i panini: alcuni con frittata e maionese, altri con pomodoro affettato, concentrato spalmato e sgombro precedentemente "marinato" nel succo di limone per circa 30 minuti.

ESTATE ALL'ITALIANA

Quando al casello di Sarzana uscivamo dall'autostrada, dopo ancora qualche chilometro ero sempre io il primo a scorgere il mare in lontananza.

All'improvviso fuori dal finestrino della macchina compariva una sconfinata distesa blu, che per un istante riusciva letteralmente a togliermi il respiro, e solo a partire da quel momento avevo l'impressione che le vacanze fossero finalmente cominciate.

Come ogni anno, andavo con la mia famiglia a Marinella di Sarzana, un piccolo comune a cavallo tra Liguria e Toscana, dove per un mese abbondante affittavamo un bungalow in un campeggio. Come ogni anno, di fianco al nostro ne prendevano in affitto uno anche le mie zie, con le relative figlie, e i miei nonni, e, come ogni anno, portavamo con noi il gommone. Quasi tutti i giorni infatti lo usavamo per scovare qualche baia o caletta in cui fermarci per fare il bagno e prendere il sole.

Ricordo che appena papà gettava l'àncora, io mi buttavo in acqua e stavo lì pigro a galleggiare a pancia in su lasciandomi cullare dalle onde, oppure mettevo la maschera e guardavo i pesci e la vita che animava il fondale. Poi, quando avevo i polpastrelli tutti rigati, risalivo e mi sdraiavo accanto a mamma per asciugarmi, e mi piaceva un sacco la sensazione della pelle che tirava a causa del sale.

Passavamo così intere giornate, in una routine bellissima e placida fatta di tuffi, bagni, lunghe passeggiate con le mie cugine e profumo di crema solare.

Ricordo anche che d'estate sulla nostra tavola non mancava mai l'insalata di

> MI PIACEVA
> UN SACCO
> LA SENSAZIONE
> DELLA PELLE
> CHE TIRAVA
> A CAUSA DEL SALE

riso, che ancora oggi per me rappresenta il cibo simbolo della stagione calda e di cui sono molto goloso.

Sarà perché è fresca, sarà perché è semplice da preparare e perché è facile da porzionare e consumare anche al sacco, ma mamma ne cucinava tonnellate! E poi faceva una cosa speciale, che a me divertiva da matti, ma che oggi, ripensandoci, forse era solo un modo intelligente per mettere tutti d'accordo: separava gli ingredienti affinché ognuno la potesse condire come preferiva.

Ecco quindi materializzarsi davanti a noi una sfilza di ciotole con carciofini, peperoni, cetriolini, prosciutto cotto a cubetti, tonno, emmental, sottilette e würstel, con cui io abbondavo perché ne ero ghiotto.

Adesso vi faccio una domanda: se pensate all'insalata di riso, non vi vengono per caso in mente altre pietanze che non appartengono alla nostra tradizione, ma che in qualche maniera la ricordano?

Se dico paella, cuscus e tabulè, non notate delle vaghe somiglianze? Immagino di sì, si tratta infatti di piatti unici, tutti tipici del bacino mediterraneo, i cui ingredienti variano a seconda della zona d'origine.

Aver poi scoperto che l'insalata di riso ha radici che affondano addirittura nei tempi dell'antica Roma – Apicio, il primo autore di ricette della Storia, ne riporta infatti una versione – me la fa apprezzare ancora di più!

Ma perché l'insalata di riso degli altri è sempre più buona?

GRANDE INSALATA DI FARRO

INGREDIENTI PER 4 PERSONE

- 320 g di farro
- 30 g di capperi sottaceto
- 200 g di würstel vegetali affumicati
- 200 g di mais lessato
- 300 g di tonno al naturale
- 100 g di olive taggiasche denocciolate
- 200 g di giardiniera (vedi ricetta)
- 200 g di feta

Per la giardiniera

- 1/2 cavolfiore, 1/2 cavolfiore viola, 3 carote, 1 finocchio, 10 cipolline borettane, 1 mela, 2 zucchine piccole, 1 gambo di sedano, 1 peperone giallo, 1 peperone rosso
- 1 l di aceto di mele
- 500 ml di acqua
- pepe in grani q.b.
- 30 g di capperi sottaceto
- 40 g di zucchero di canna integrale
- 15 g di sale

Per la giardiniera, sbollentare le verdure precedentemente lavate, mondate e ridotte a pezzetti delle stesse dimensioni, per circa 3-5 minuti, nella soluzione di acqua, aceto, sale e zucchero.

Riempire con le verdure e la soluzione di acqua e aceto i barattoli sterilizzati, aggiungendo capperi e grani di pepe, quindi pastorizzarli per 20 minuti a 100 °C.

Cuocere il farro, quindi lasciarlo raffreddare bene. Nel frattempo preparare il condimento riunendo tutti gli ingredienti in una grossa ciotola, possibilmente tagliando tutto delle stesse dimensioni (würstel, formaggio, verdure... senza impazzire!).

LA SMEMORANDA

Se dovessi scegliere un oggetto simbolo del periodo delle superiori, e in generale degli anni Novanta, sceglierei sicuramente la Smemoranda.

Intanto bisogna cominciare col dire che la Smemo non era solo un diario, ma piuttosto un universo personale e portatile – un po' come gli smartphone di oggi – anche se con il passare dei mesi poteva raggiungere dimensioni davvero notevoli! Per esempio a un certo punto la mia dovevo portarla dal calzolaio, che metteva due gancetti sul bordo della copertina affinché si chiudesse.

La Smemo era sempre nel mio zaino e mi seguiva ovunque: persino la mattina quando mi sedevo sul tram 15 che mi portava a Rozzano, dove c'era l'istituto per perito chimico-biologico che frequentavo; la aprivo e iniziavo a scriverci o a disegnarci, oppure semplicemente la sfogliavo rileggendo le dediche che mi avevano fatto.

Già, funzionava proprio così: tra compagni ce la scambiavamo ed era un modo per entrare l'uno nel mondo dell'altro, per conoscersi meglio, perché lì sopra ci si attaccava di tutto, dai biglietti dei concerti e del cinema alle foto dei cantanti e attori preferiti, ci si sfogava, si dichiaravano amori, passioni inconfessabili, si stringevano o si rompevano amicizie. Insomma, la Smemoranda aveva il potere di raccontare davvero chi fossimo, con sincerità, forse a volte con un po' troppa schiettezza, ma assolutamente senza filtri. Eravamo noi al naturale. Noi al 100%.

Il ricordo della Smemoranda se ne porta dietro anche un altro, che è quello della magnifica pasta al forno che mamma mi cucinava per pranzo, il cui profumo mi accoglieva non appena aprivo la porta di casa, spalancando al contempo una voragine nel mio stomaco.

Vi dico subito che era una bomba calorica di portata quasi atomica. Non ci credete? Sentite cosa ci metteva. Oltre al sugo di pomodoro, di quelli lasciati sobbollire ore, e alla besciamella (rigorosamente preparata da lei), aggiungeva provola, polpettine di carne e uova sode.

Devo ammettere che era un vero schianto, peccato che poi finissi anch'io per schiantarmi sul divano, appesantito da tutti quei grassi e quelle calorie: non era proprio il pasto ideale per affrontare un pomeriggio di studio.

All'epoca però nessuno prendeva in considerazione questi aspetti; l'importante, soprattutto per le mamme, era che i figli fossero ben nutriti e possibilmente belli pasciuti, perché c'era la convinzione che essere "rotondetti" e in carne fosse segno di buona salute.

> C'ERA LA CONVINZIONE CHE ESSERE "ROTONDETTI" FOSSE SEGNO DI BUONA SALUTE

Eppure è stato proprio a partire da quegli anni che qualcosa pian piano ha cominciato a smuoversi nell'alimentazione degli italiani. Progressivamente la panna da cucina stava scomparendo dai nostri piatti, lasciando il posto al formaggio spalmabile per eccellenza, il Philadelphia, iniziava a diffondersi il concetto di "light" e un salume pressoché sconosciuto ai più si stava imponendo sulle nostre tavole: la bresaola.

Sano e leggero non sono sinonimi di insapore!

PASTA AL FORNO

INGREDIENTI PER 4 PERSONE

- 320 g di pasta corta integrale
- 400 g di salsa di pomodoro
- 1 melanzana piccola
- 1 peperone
- 150 g di pisellini surgelati
- 150 g di ricotta fresca
- 150 g di caprino fresco
- olio evo q.b.

Come prima cosa lessare la pasta, al dente. Ridurre a pezzetti delle stesse dimensioni melanzana e peperone, farli saltare in padella con qualche cucchiaio di acqua e poi cuocerli con la salsa di pomodoro.

Dopo qualche minuto unire l'olio e aggiungere i pisellini.

Far sobbollire il tutto fino al (quasi) disfarsi della melanzana. Aggiungere la ricotta e mescolare.

In una pirofila unire la pasta alle verdure spadellate e quindi aggiungere il caprino a fiocchetti sparsi qui e là. Condire con olio evo e infornare per circa 30 minuti a 180 °C.

Un ottimo compromesso nel mondo delle farine non raffinate!

UN SOFFIO DI PUGLIA

Ovviamente la Puglia l'avevo studiata a scuola.

Da bravo alunno ero capace di elencare in ordine alfabetico le sue province, le regioni con cui confina e sapevo che le sue coste sono lunghe più di 800 chilometri. Però a parte questo per me la Puglia altro non era che il tacco dell'Italia, perché non ci ero mai stato, non conoscevo nessun pugliese né tantomeno avevo mai assaggiato i suoi deliziosi cibi. Finché alle superiori mi sono ritrovato in classe con Monica e con lei è stata amicizia a prima vista.

Non solo eravamo inseparabili a scuola, ma spessissimo il pomeriggio studiavamo insieme. Di solito andavamo a casa sua, perché i genitori di Monica lavoravano fino a tardi, motivo per cui molte volte era lei a doversi occupare della cena per tutta la famiglia, tra l'altro pure numerosa dato che aveva tre sorelle e abitavano con il nonno.

E io cosa potevo chiedere di meglio se non aiutarla e nel frattempo scoprire i meravigliosi sapori di quella terra?

APPENA FINITO CON I COMPITI CI METTEVAMO AI FORNELLI

Appena finito con i compiti e le tesine da preparare ci mettevamo ai fornelli, dove Monica mi mostrava ricette che ai miei occhi e al mio palato milanese avevano un fascino quasi esotico. Orecchiette alle cime di rapa o al pomodoro, friselle, pasta condita in mille modi diversi ma sempre fatta a mano, la burrata, e poi... i suoi indimenticabili panzerotti farciti in un sacco di maniere: con i carciofi, il prosciutto, classici.

Ricordo che i pomeriggi passati a cucinare i panzerotti erano un'autentica festa, anche perché io e lei eravamo affiatatissimi e superorganizzati. Infatti, una volta pronto l'impasto, uno lo tagliava e l'altra ne faceva delle palline, poi uno lo stendeva e l'altra lo ritagliava, dopodiché uno lo farciva e l'altra lo chiudeva e infine si buttavano a friggere nell'olio bollente.

Non so dirvi quanti ne abbiamo divorati, però posso garantirvi che erano di una bontà quasi paradisiaca!

Passioni culinarie a parte, l'amicizia con Monica è durata per tutti i cinque anni delle superiori, ed è stata un'amicizia intensa, vissuta e coltivata giorno dopo giorno con l'entusiasmo e l'attaccamento tipici dell'adolescenza, quando sembra che l'esistenza sia fatta solo di massimi sistemi e scelte definitive: odio o amore, bianco o nero, tutto o niente, sempre o mai.

E così, proprio sull'onda di queste emozioni totalizzanti, avevamo deciso che dopo la maturità, dato che le nostre strade si sarebbero divise, tanto valeva non vederci più, o meglio, avevamo fissato un appuntamento lo stesso giorno ma... dieci anni più tardi!

Voi che dite, ci siamo rivisti?

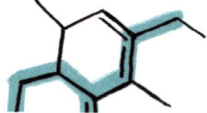

BENVENUTO **FRITTO**

Non negatevi un paio di fritti al mese! Se la frittura è eseguita "a regola d'arte" non fa male. Per questo dovete sempre scegliere oli che resistono bene alle alte temperature, come oli per frittura: di oliva (non evo) e olio di arachidi.

PANZEROTTI AL SAPOR DI PUGLIA

INGREDIENTI PER 4 PERSONE

Per l'impasto
- 400 g di farina di tipo 1
- 100 g di semola di grano duro integrale
- 300 ml di acqua gassata
- 30 ml di olio evo
- sale q.b.
- 1 bustina di lievito di birra disidratato

Per il ripieno
- 500 g di ricotta fresca
- 300 g di salsa di pomodoro
- origano q.b.
- 150 g di olive taggiasche denocciolate

Come prima cosa preparare l'impasto riunendo insieme tutti gli ingredienti.

Formare una palla e lasciarla lievitare per un paio d'ore.

Stenderla sottilmente, poi copparla con un coppapasta o un bicchiere, formando dei piccoli dischetti. Lo spessore dovrebbe essere di 5 mm.

Farcire ogni dischetto con un cucchiaino di salsa di pomodoro (non troppa, altrimenti non si chiuderanno!), uno di ricotta, un pizzico di origano e un'oliva taggiasca.

Chiudere a mezzaluna i dischetti, quindi infornare per circa 20 minuti a 200 °C.

VIENNA

Tra i miei ricordi più vividi legati al periodo delle superiori c'è sicuramente quello della gita a Vienna.

Le gite scolastiche sono infatti tra i momenti che tutti gli studenti attendono con ansia e mille aspettative, come se in quei pochi giorni potessero mutare i normali equilibri che ci sono fra compagni o magari verificarsi eventi che nel corso dell'anno sarebbero impensabili.

Io non facevo eccezione: ero in preda a uno stato di grande eccitazione che aumentava a mano a mano che si avvicinava il giorno della partenza, anche perché era la prima volta che varcavo il confine italiano e la prospettiva di visitare una città così ricca di fascino e storia mi elettrizzava.

Adesso quasi quasi mi scappa un sorriso nel "rivedere" il look che avevo scelto, look ovviamente studiato apposta per affrontare la neve che avremmo trovato oltralpe: giubbottone blu e informe della Energie e stivali 883 marroni, quelli che si portavano infilati sotto i jeans con lo spacchetto laterale in fondo, una finezza a cui non ci si poteva sottrarre!

Il ritrovo era stato fissato all'alba a un binario della Stazione Centrale e, dopo un viaggio pressoché infinito in treno, Vienna ci accolse più magica che mai: i tetti spioventi dei palazzi erano completamente imbiancati, c'erano carrozze trainate dai cavalli, le luci calde dei lampioni punteggiavano le strade e nelle vetrine degli eleganti *café* storici erano esposte in bella mostra torte incredibili, talmente alte, farcite e glassate che non riuscivo a credere ai miei occhi.

Finché un giorno non ho saputo più resistere e, come trascinato da un filo invisibile ma molto tenace, sono entrato in una pasticceria e ho provato le famose *Mozartkugeln*, meglio note da noi come Palle di Mozart, ovvero cioccolatini rotondi inventati un centinaio di anni dopo la morte del grande compositore austriaco e diventati una sorta di simbolo nazionale.

Il primo assaggio mi aveva stordito di piacere, perché non immaginavo che, racchiuso in quel guscio di gianduia e cioccolato fondente, ci fosse un cuore morbido di marzapane e pistacchio. E così, non appena mi ero ripreso da quell'estasi di sapori e dolcezza, avevo pensato bene di spendere tutti i soldi che avevo con me in Palle di Mozart, a cui ormai ero convinto di non poter più rinunciare.

Sapete per quale altra delizia è famosa Vienna? Vi do un indizio: la sua ricetta originale è custodita nella cassetta di sicurezza dell'omonimo hotel. Avete capito, no?

Sto parlando infatti della mitica torta Sacher, un trionfo di cioccolato con all'interno un sottile strato di confettura di albicocche.

> LA GITA A VIENNA AVRÀ PER SEMPRE UN SAPORE DOLCISSIMO

Visto che ero là, secondo voi potevo non assaggiarla? Naturalmente no, e ricordo di averla gustata accompagnata da una generosa spruzzata di panna montata e da una tazza di cappuccino, come un vero viennese.

Devo proprio ammettere che nella mia memoria la gita a Vienna avrà per sempre un sapore dolcissimo, di sicuro non light, ma certamente indelebile.

Amo follemente il cioccolato purché sia fondente!

Prima di servirla, potete decorare la vostra Sacher con lamponi frullati.

SACHER TORTE CON CONFETTURA DI LAMPONI

INGREDIENTI PER 4 PERSONE

- 200 g di farina di tipo 2
- 20 g di cacao amaro in polvere
- 80 g di zucchero a velo integrale
- 80 g di amido di mais
- 80 ml di olio di semi di girasole
- 450 ml di bevanda vegetale alla mandorla
- 250 g di cioccolato fondente al 60%
- 300 g di confettura di lamponi
- 1 bustina di lievito per dolci

Con una frusta sbattere l'olio con 300 ml di bevanda vegetale, quindi aggiungere il mix di ingredienti secchi già amalgamati tra loro (farina, cacao, amido, zucchero, lievito).

Mescolare bene e infornare per circa 35 minuti a 180 °C in uno stampo del diametro di circa 24 cm.

Una volta pronta la torta, lasciarla raffreddare, tagliarla a metà, distribuire la confettura di lamponi e quindi ricomporla e ricoprirla con il cioccolato fondente precedentemente sciolto con la restante bevanda vegetale (150 ml) a 80 °C (si deve portare a bollore la bevanda, spegnere il fuoco e unire infine il cioccolato).

L'ATTIMO FUGGENTE

È raro, eppure talvolta accade: una giornata a scuola può rivelarsi bellissima, anzi persino speciale.

No, non mi riferisco solo a quando scopri che c'è manifestazione e quindi addio compito in classe di matematica, oppure a quando è stata fissata l'interrogazione di storia e la professoressa è malata. In verità sto ripensando piuttosto a quella mattina in cui, anziché fare lezione, gli insegnanti ci fecero vedere un film che ancora oggi porto nel cuore e che allora aveva avuto un enorme successo.

Si trattava dell'*Attimo fuggente* con il bravissimo Robin Williams, ve lo ricordate?

Massì, dài, era quello ambientato a fine anni Cinquanta in un collegio americano maschile, dove vigevano solo disciplina, severità e rispetto per le tradizioni, fino a quando un giorno era arrivato un nuovo professore di letteratura che aveva provocato una piccola rivoluzione all'interno della scuola e nelle vite degli studenti. Adesso vi è tornato in mente?

Io ne ero rimasto davvero colpito e, nonostante fosse una storia molto distante da me sia in termini geografici sia cronologici, ero riuscito a identificarmi con quei ragazzi e con i loro tormenti legati all'età, all'amore, all'amicizia e al futuro. In particolare mi ero quasi commosso fino alle lacrime per Neil, il giovane appassionato di teatro che si suicida perché non vuole entrare all'accademia militare come il padre gli ha imposto, costringendolo quindi a rinunciare ai suoi sogni. In quel momento mi ero reso conto di quanto fossi fortunato, perché i miei genitori mi avevano permesso di seguire le mie passioni e inclinazioni, aiutandomi a coltivare e a dare una forma ai miei talenti.

Terminato il film, ricordo che andai insieme a Francesca, l'altra mia carissima amica dell'epoca e parte dell'inseparabile trio, a casa di Monica, dove, al posto dei panzerotti, preparammo una torta allo yogurt, che forse ci sembrava la giusta coccola per il nostro umore vagamente malinconico.

ERO RIUSCITO A IDENTIFICARMI CON QUEI RAGAZZI

Mentre uno imburrava la teglia, l'altra girava l'impasto e un'altra ci grattava sopra la scorza di un limone, decidemmo che anche noi avremmo fondato la nostra setta dei poeti estinti, di cui la torta allo yogurt sarebbe stata un must, perché era sana, veloce da cucinare e decisamente buonissima, oltre al fatto che si poteva farcire in diverse maniere, anche se noi la preferivamo liscia.

Alcuni anni più tardi, dopo che la setta dei poeti estinti si era sciolta, scoprii che esisteva un'altra persona capace di preparare una torta allo yogurt da sballo, se non addirittura più buona della nostra, ma allora ovviamente non potevo saperlo e mi crogiolavo nella convinzione che la ricetta ideata da noi fosse di gran lunga la migliore.

Indovinate un po' di chi si tratta? Nessuna ipotesi? Allora andate avanti a leggere!

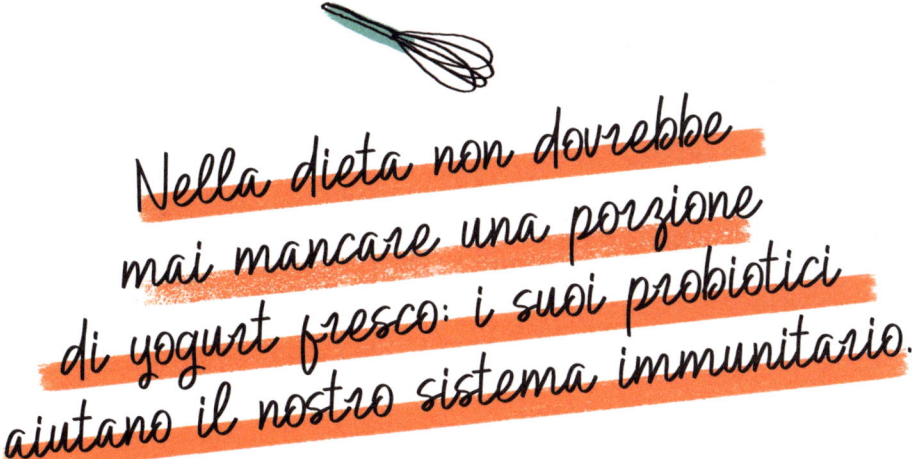

Nella dieta non dovrebbe mai mancare una porzione di yogurt fresco: i suoi probiotici aiutano il nostro sistema immunitario.

Torta amaretto con topping di mandorle sbriciolate

INGREDIENTI PER 4 PERSONE

- 300 g di farina di tipo 1
- 30 g di amido di mais
- 30 g di zucchero di canna integrale
- 80 g di amaretti secchi
- 20 g di cocco grattugiato
- 20 g di mandorle a filetti
- 300 ml di latte
- 80 ml di olio di semi di girasole
- 1 bustina di lievito per dolci

Come prima cosa "tritare" gli amaretti con le mani, lasciandone da parte una manciata abbondante.

Mescolare tutti gli ingredienti eccetto le mandorle, quindi versare in una tortiera di 22 cm di diametro e infornare per 30 minuti a 180 °C, distribuendo in superficie gli amaretti sbriciolati messi da parte e le mandorle.

UN MILANESE A CAMBRIDGE

Cosa ci faceva un milanese, ovvero il sottoscritto, a Cambridge nel giugno del 1993? Adesso ve lo racconto.

All'inizio del terzo anno delle superiori, il preside dell'istituto che frequentavo ci aveva detto che l'azienda farmaceutica Bracco aveva indetto un concorso rivolto agli studenti di cinque scuole, al termine del quale sarebbero stati selezionati e premiati i migliori dieci con un soggiorno studio a Cambridge di dieci giorni, seguito da un mese di stage presso la loro sede di Lambrate, a Milano. Era un'opportunità pazzesca che ti permetteva di mettere già un piede nel mondo del lavoro e soprattutto nella Bracco, una delle più importanti industrie chimico-farmaceutiche italiane, che tra noi alunni era molto ambita.

Il concorso prevedeva che gli studenti, oltre ad avere un buon rendimento scolastico, sostenessero un'ulteriore serie di prove teoriche e pratiche di chimica e biologia, materie in cui io me la cavavo davvero bene. E così mi ci buttai a capofitto.

Intorno alla metà dell'anno scolastico ero rimasto uno dei pochi dell'istituto in lizza per il premio, e ai primi di giugno uno dei miei professori mi comunicò che avevo vinto la selezione e che ero nella rosa dei dieci che nel giro di pochi giorni sarebbero partiti per Cambridge.

Non vi dico che gioia! Ero esaltatissimo e parecchio emozionato, soprattutto la sera della premiazione ufficiale al Palazzo delle Stelline, durante la quale ci regalarono una targa ricordo e un dizionario di inglese scientifico.

NON VI DICO CHE GIOIA!

Non avevo quasi fatto in tempo a realizzare quello che mi stava succedendo che arrivò la data della partenza. Ed eccomi in aeroporto, pronto, o quasi, a volare per la prima volta in vita mia. Proprio così: fino ad allora non ero mai salito su un aereo, mai stato tanto lontano da casa, mai soggiornato in una famiglia che non fosse la mia, mai trascorso tanti giorni con ragazzi e ragazze che non avevo praticamente mai visto.

Messa in questo modo, sembrerebbe che ci fossero tutti i presupposti per un'esperienza tragica, e invece si è rivelata bellissima. Intanto perché Cambridge è una cittadina da sogno, a misura di studente, in cui si gira in bicicletta tra splendidi palazzi antichi e prati verdissimi con l'erba fine fine. Poi perché la mattina mi piaceva frequentare il corso di inglese, dove imparavo un sacco di cose, perché con gli altri ragazzi si era creato un bel feeling e non da ultimo perché avevo scoperto quanto è buono il fish & chips.

Qui però è giusto che apra una parentesi. Se devo essere sincero, nella famiglia che mi ospitava non si mangiava granché bene, i terribili spaghetti con il ketchup purtroppo erano una realtà, e ogni alimento era accompagnato o fritto nel bacon, che per carità mi piaceva, solo che alla lunga mi usciva dalle orecchie.

Finché un giorno avevo dato retta a un mio compagno e avevo provato il fish & chips. Una specialità *truly British* che aveva decisamente risollevato il mio umore culinario!

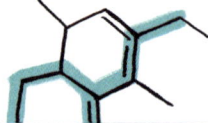

IL **PESCE** CI VUOLE BENE

Potete preparare un piatto di fish & chips usando filetti di sgombro o salmone al posto del merluzzo. In questo modo farete incetta di Omega-3, che servono a proteggere il nostro cuore.

FISH & CHIPS

INGREDIENTI PER 4 PERSONE
- 800 g di filetti di merluzzo surgelato
- 150 g di farina di riso
- 150 g di farina di mais fioretto
- 80 g di arachidi
- 4 cucchiai di olio evo
- 5 patate grosse non trattate
- rosmarino q.b.
- sale q.b.

Tritare le arachidi finemente e mescolare la "polvere" ottenuta alla farina di riso e a quella di mais.

Impanare i filetti di merluzzo, dopo averli scongelati, quindi disporli sulla teglia del forno ben oliata in superficie e cuocere a 200 °C per circa 20 minuti.

Nel frattempo affettare le patate, senza privarle della buccia, con una mandolina. Si dovranno ottenere delle fettine dello spessore di 1 millimetro.

Disporle sulla teglia, facendo attenzione a non sovrapporle, condire con olio e cospargere di rosmarino e sale (un pizzico!). Cuocerle a 200 °C per 30 minuti, girandole a metà cottura.

ROSSO

Se dovessi dare un colore agli anni delle superiori, senza la minima esitazione direi rosso. Rosso come la passione con cui ho affrontato gli studi, rosso come l'amicizia intensa e totalizzante con Rossella e rosso, ovviamente, come l'amore. Eh già, in quinta superiore ho conosciuto Veruska e mi sono innamorato.

Quando ritorno con la mente a quel periodo ho quasi l'impressione di aver vissuto in una specie di film romantico, perché dal giorno in cui l'ho incontrata ogni momento passato insieme sembrava avvolto da un velo di perfezione e magia.

Tutto è cominciato perché all'epoca davo ripetizioni ai ragazzini dell'oratorio, che per Carnevale avevano voluto organizzare una festa. Un'amica, anche lei educatrice nella stessa parrocchia, aveva insistito perché andassi, e alla fine non troppo convinto avevo accettato.

Di sicuro non avrei mai immaginato che, in mezzo a una bolgia di ragazzini in maschera, tra coriandoli, stelle filanti e trombette che spaccavano i timpani, il mio cuore avrebbe perso qualche battito davanti a una ragazza dai capelli lunghissimi, rockettara e assolutamente esplosiva di nome Veruska.

Fu senz'ombra di dubbio un colpo di fulmine sia per me sia per lei.

Da quel momento, nonostante il giorno della maturità si stesse pericolosamente avvicinando per entrambi, noi trascorremmo quelle giornate in un idillio costante, tra passeggiate nel piacevole tepore della primavera ammirando la natura milanese che si risvegliava di colori e di vita, chiacchierate infinite sui più disparati argomenti e deliziose cenette in un ristorante arabo dalle parti dei Navigli, che un sabato sera avevamo scoperto per caso e che diventò la nostra tappa fissa.

Nessuno dei due aveva mai provato la cucina araba – per dovere di cronaca bisogna dire che negli anni Novanta non si mangiava etnico spesso come oggi – eppure rimanemmo subito estasiati dal menu e dalle porzioni generose, oltre che dai prezzi contenuti, dettaglio non indifferente per due giovani studenti come noi.

Ricordo che ci portavano tajine zeppe di cuscus alle verdure, pane arabo caldo, una sublime crema al formaggio di capra, una mousse alle melanzane e l'hummus, che da quel momento diventò uno dei miei cibi preferiti, tanto che ancora oggi è presente sulla mia tavola un giorno sì e uno no.

> L'HUMMUS DA QUEL MOMENTO DIVENTÒ UNO DEI MIEI CIBI PREFERITI

Quando poi la fatidica data dell'esame arrivò, per me fu quasi come affrontare una piccola incombenza quotidiana, al contrario di quanto accade alla maggior parte degli studenti che si ritrova a fare i conti con crisi d'ansia, patemi d'animo e notti insonni.

Forse io l'ho vissuta con tanta serenità perché sapevo di aver trovato la mia strada e, giorno dopo giorno, mi sentivo sempre più a mio agio con me stesso e gli altri: ero dimagrito parecchio, avevo davanti il futuro e Veruska accanto a me.

A proposito di Veruska... era lei che preparava torte allo yogurt da svenire! Avrei potuto desiderare altro?

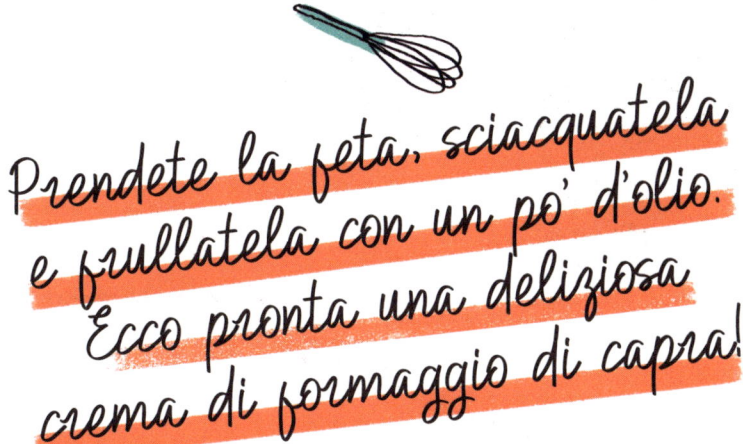

Prendete la feta, sciacquatela e frullatela con un po' d'olio. Ecco pronta una deliziosa crema di formaggio di capra!

CUSCUS CON GLI AROMI

INGREDIENTI PER 4 PERSONE

- 320 g di cuscus di farro
- 200 g di pisellini surgelati
- 150 g di ceci lessati
- 100 g di pomodori secchi sottolio
- 80 g di anacardi
- 1 limone non trattato
- olio evo q.b.
- cumino q.b.
- 200 g di quartirolo lombardo

Cuocere il cuscus come riportato sulla confezione: solitamente per una parte di cuscus ne occorre una di acqua bollente, leggermente salata.

Reidratare il cuscus in una ciotola, aggiungendo insieme all'acqua un cucchiaio di olio evo (si sgranerà meglio!).

Nel frattempo ripassare in padella per non più di 5 minuti i ceci, i piselli, i pomodori secchi tritati e gli anacardi, conditi con succo e scorza di limone e cumino.

Condire il cuscus quando tutto sarà a temperatura ambiente e aggiungere infine il quartirolo a cubetti.

I TRE TEST

Dopo l'esame di maturità, ho voluto proseguire con gli studi, nonostante il mio diploma mi permettesse di entrare subito nel mondo del lavoro.

Il fatto è che studiare mi piaceva un sacco, così come mi piaceva un sacco trascorrere ore in laboratorio e così come mi piaceva un sacco il settore della ricerca, senza contare che da poco era anche possibile conseguire lauree brevi in ambiti che mi affascinavano da morire, tipo: biotecnologie, tecniche di laboratorio biomedico e ricerche farmacologiche.

Dato che non sapevo cosa scegliere, decisi di provare tutti e tre i test d'ammissione; mal che vada sarà il destino a decidere per me, mi ero detto. Perciò, in balìa del fuoco sacro della scienza e del sapere, per settimane mi chiusi in casa a studiare.

Poiché dovevo rendere al massimo e stare concentratissimo sui testi, avevo bisogno di un'alimentazione adeguata alle circostanze, un'alimentazione cioè che aiutasse il mio cervello a fronteggiare tutta quella fatica intellettuale.

> STUDIARE MI PIACEVA UN SACCO, COSÌ COME TRASCORRERE ORE IN LABORATORIO

"E cosa c'è di meglio del pesce, che è ricco di fosforo?" mi disse un giorno mia madre, mentre riempiva il freezer di confezioni di bastoncini surgelati.

Ebbene, per giorni e giorni ne trangugiai una quantità impressionante, ne avevo quasi la nausea, ma devo ammettere che forse ne era valsa la pena, perché superai due test su tre e alla fine mi iscrissi all'Istituto di Ricerche Farmacologiche Mario Negri, che accettava solo una ventina di alunni all'anno.

Naturalmente ero al settimo cielo per tantissimi motivi, lasciate che ve ne elenchi almeno qualcuno.

Intanto perché l'Istituto Mario Negri era all'avanguardia nella ricerca e nella sperimentazione farmacologica, e all'epoca tutti erano convinti che il futuro fosse in quell'ambito.

Poi perché il fondatore e direttore dell'Istituto era Silvio Garattini, praticamente il luminare della farmacologia. Per esempio in Italia è lui che, insieme alla Comunità Europea, dà l'approvazione per l'uscita di nuovi farmaci.

Poi perché le lezioni si svolgevano tutti i giorni in laboratorio, dove si affiancava un ricercatore su un vero progetto.

Poi perché ogni settimana c'erano dei seminari obbligatori tenuti da esperti del settore, sia esterni sia interni.

Poi perché ogni anno avevi la possibilità di frequentare dei corsi di un paio di mesi che ti consentivano di ottenere una specifica abilitazione, per esempio a lavorare con il materiale radioattivo, oppure con modelli sperimentali.

Poi perché si aveva l'opportunità di partecipare a meeting e congressi, in cui venivano esposti i risultati delle proprie ricerche.

Poi perché ti insegnavano a scrivere articoli scientifici e ti permettevano di pubblicarli.

Poi perché...

Insomma, avete capito, no?

Mi raccomando, fidatevi solo di informazioni scientificamente provate.

SALMONE AL SESAMO CON SALSINA DI YOGURT

INGREDIENTI PER 4 PERSONE

- 600 g di filetti di salmone
- 150 g di semi di sesamo
- 2 cucchiai di olio di semi di mais
- sale q.b.
- pepe q.b.
- radice di zenzero q.b.
- succo di limone q.b.
- 1 cucchiaio di olio evo
- 150 g di yogurt greco magro

Ripassare i filetti di salmone nei semi di sesamo come per impanarli, dopo averli spennellati con l'olio di semi di mais.

Cuocerli in forno fino a doratura: più o meno 200 °C per 10-15 minuti.

Nel frattempo preparare la salsina di accompagnamento sbattendo insieme yogurt greco, succo di limone, 1 cucchiaio di olio evo e una grattugiata di zenzero. Aggiungere acqua fino a renderla una salsina piuttosto "morbida".

Aggiustare di sale e pepe, quindi servire i filetti di salmone accompagnati dalla salsina allo yogurt.

LA PANDA

Quando hai vent'anni niente ti fa sentire libero e indipendente quanto avere una macchina, non siete d'accordo? Per me è stato senza dubbio così.

Ero infatti arrivato al punto che non ne potevo davvero più di dover aspettare i mezzi pubblici (soprattutto la sera!) e di dover essere legato agli orari di treni, autobus o pullman per andare da qualsiasi parte.

Basta, qui ci vuole assolutamente un'automobile, ricordo di aver pensato. Ne avevo quindi parlato con i miei genitori e, con i miei risparmi e il prezioso contributo del mitico nonno Eurico, avevo comprato una Panda color aragosta.

Ero pazzo di quello scatolotto fiammante con cui finalmente potevo scorrazzare in lungo e in largo per Milano. Che sensazione splendida! Avevo l'impressione di poter vivere appieno la mia città, di aver smesso di "subirla", e anzi di essermene quasi appropriato.

Per rendere ancora più bella e riconoscibile la mia Panda, avevo chiesto a Veruska di disegnarmi un adesivo di Bart Simpson da appiccicare sul lunotto posteriore, e devo dire che ci stava molto bene.

Finché un giorno accadde l'irreparabile e la schiacciai come una lattina, e dal colore in effetti poteva sembrare proprio una lattina di Coca-Cola.

Avvenne una sera, mentre stavo andando a un appuntamento con Veruska. Stavo percorrendo tranquillo via Canonica, quando all'improvviso l'auto davanti a me inchiodò per girare ed entrare in un passo carraio.

Certo, la freccia l'aveva messa, ma all'ultimo secondo, tanto che non feci nemmeno in tempo a frenare, e così io e la mia Panda le finimmo dritti dritti contro.

Appena scesi per controllare i danni, scoppiai a piangere a dirotto: la macchina era completamente distrutta, accartocciata, e non mi restava altro da fare che chiamare il carro attrezzi.

Nel frattempo mi aveva raggiunto Veruska e, stretti l'uno all'altra, guardammo caricare e portare via il mio piccolo sogno di libertà.

Spesso, dopo un momentaccio o una giornata difficile, si ha voglia di consolarsi con del cibo, quello che si chiama appunto "comfort food". Sarà capitato anche a voi, immagino. Ecco, io quella sera chiesi a Veruska di accompagnarmi da McDonald's per annegare il mio dolore nel loro gelato bianco e cremoso. Desideravo solo sentire il sapore di quelle candide volute, avevo bisogno di quell'abbraccio calorico che speravo mi avrebbe reso un po' più sopportabile la situazione.

> DOPO UNA GIORNATA DIFFICILE, SI HA VOGLIA DI CONSOLARSI CON DEL CIBO

A proposito, non credo di avervelo ancora raccontato, ma in quel periodo lavoravo part-time da McDonald's e davo ripetizioni per mettere da parte qualche soldino e non pesare troppo sui miei genitori.

Tuttavia non è durata a lungo, all'incirca sei mesi, perché era complicato conciliare studio e lavoro, e perché ero stanco (e forse lo era anche Veruska) di puzzare di fritto…

Non rinunciate a un po' di dolcezza, l'importante è che sia sana!

I mirtilli sono ricchi di acido gallico che protegge il nostro cervello.

BUONI!!!

PANNA COTTA CON COULIS DI MANGO

INGREDIENTI PER 4 PERSONE

- 500 ml di latte scremato
- agar agar in polvere (1 bustina, verificare seguendo le indicazioni riportate sulla confezione)
- 1 stecca di vaniglia
- 1 mango
- 250 g di mirtilli freschi
- 80 g di zucchero vanigliato

Sciogliere l'agar agar nel latte insieme alla stecca di vaniglia, dapprima a freddo, poi portando a bollore; aggiungere lo zucchero e mescolare senza fare grumi per circa 3 minuti. Eliminare la stecca di vaniglia.

Versare negli stampi o nelle coppette e lasciar raffreddare in frigorifero per più di 4 ore.

Frullare il mango e passarlo al setaccio così da raccoglierne la polpa.

Servire la panna cotta accompagnata dalla coulis di mango e da mirtilli freschi. È ottima anche con ribes e purea di fragole!

LE CELLULE

Come vi ho già detto più volte, ero praticamente un topo da laboratorio.

No, no, non mi fraintendete: non ero mica vittima di esperimenti! Intendo che mi piaceva da matti trascorrere le ore lì dentro tra provette, beute, pipette, becher e tutti quegli oggetti che ai miei occhi risultavano bellissimi. Ecco, forse dovrei dire che ero come un topo da biblioteca ma in versione laboratorio.

Nel frattempo, più procedevo con gli studi e più mi venivano affidati ricerche e incarichi complessi, fino a quando un giorno arrivò il momento che tanto aspettavo: finalmente mi potevo dedicare alla sperimentazione sulle cellule umane.

In pratica funzionava più o meno così: dagli ospedali ci inviavano campioni di sangue o tessuti di persone con alcune patologie e io dovevo separare le cellule sane da quelle malate. Questo in particolare nel periodo in cui lavoravo su una ricerca che riguardava le leucemie.

Poi in seguito mi assegnarono un altro incarico, che per me fu molto stimolante: dovevo eseguire dei test farmacologici su medicinali già in commercio per scoprire quali altri effetti potevano avere sul nostro organismo; per esempio testavo un farmaco che serviva per abbassare il colesterolo, ma che era anche in grado di ridurre i livelli di infiammazione generale.

Vi giuro che avrei voluto che quelle giornate non finissero mai, sarei rimasto all'Istituto giorno e notte a eseguire test, prove, studi e a riempire di appunti dettagliatissimi i miei quadernoni, perché è proprio vero che quando fai quello che ami non sai cosa siano la stanchezza, la noia, la frustrazione, anzi ti senti sempre carico e pronto a dare il massimo.

Ora che ho parlato di notte, mi torna in mente che una volta rimasi davvero a dormire al Mario Negri. Alcuni esperimenti, infatti, dovevano essere eseguiti in notturna e per questo era necessario fermarsi in Istituto, dove tra l'altro all'ultimo piano c'erano alcune stanze a uso foresteria o per situazioni simili.

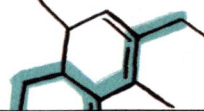

AVREI VOLUTO CHE QUELLE GIORNATE NON FINISSERO MAI

Quando capitò a me ero esaltatissimo! Immaginate di essere soli in un edificio enorme e completamente buio, in cui potete muovervi solo usando una torcia, mentre l'unico suono oltre al vostro respiro e ai vostri passi è quello metallico di qualche macchinario acceso, che nel silenzio assoluto rimbomba più sinistro che mai. *Brrr...* se ci ripenso, mi vengono ancora i brividi.

Di sicuro l'esperienza al Mario Negri è stata così bella anche grazie al gruppo di persone che mi circondava. Erano tutti innamorati e appassionati di ciò che facevano e riuscivano sempre a trasmettermi il loro entusiasmo contagioso. Quasi ogni giorno si pranzava insieme in mensa, ricordo che però una volta a settimana uscivamo dall'Istituto e andavamo in un ristorante lì vicino che preparava degli squisiti pizzoccheri valtellinesi. Non ne ho mai mangiati tanti come in quegli anni, credo addirittura di averne fatto indigestione, al punto che per un bel po' di tempo non li ho più voluti vedere nemmeno in fotografia!

LE MILLE E UNA PROPRIETÀ
DEL **GRANO SARACENO**

Il grano saraceno è per sua natura privo di glutine, oltre a essere ricchissimo di magnesio, potassio, selenio, zinco e rame. Senza contare che è tra i cereali più ricchi di fibre e proteine. Incredibile, vero?

PIZZOCCHERI CON PECORINO E CRESCENZA

INGREDIENTI PER 4 PERSONE

- 320 g di pizzoccheri
- 1 verza piccola
- 1 broccolo
- 1 mazzo di coste
- 1 manciata di spinacini novelli
- 200 g di crescenza
- 80 g di pecorino
- sale q.b.
- pepe q.b.
- olio evo q.b.

Tagliare a julienne la verza e le coste, quindi stufarle in una larga padella con gli spinacini, poca acqua, sale e pepe.

Far bollire 1 litro e 1/2 di acqua, salarla e cuocervi le cimette di broccoli per circa 8 minuti.
A questo punto aggiungere i pizzoccheri e terminare la cottura tutto insieme.

Scolare i pizzoccheri e i broccoli e aggiungerli alla padella con verza e coste cotte.

Condire con olio evo, pecorino e crescenza; mescolare e servire dopo averli fatti riposare per circa 10 minuti.

LA MENSA

Durante il triennio, di solito mangiavo in mensa con i miei colleghi, a parte il giorno dedicato alla scorpacciata di pizzoccheri.

A un certo punto, però, almeno un paio di volte a settimana presi l'abitudine, per pranzo, di portarmi da casa uno yogurt e una banana. I motivi che mi hanno condotto a questa scelta sono stati diversi, alcuni di ordine pratico, altri legati alla salute.

Riguardo ai primi, posso dire che per natura non sono mai stato il tipo che ama restare seduto a tavola a lungo, soprattutto se devo lavorare o, in passato, studiare. Per me una pausa di una ventina di minuti al massimo è più che sufficiente: il tempo di mangiare qualcosa di leggero, completo dal punto di vista nutrizionale e veloce, di scambiare due chiacchiere, di staccare un attimo il cervello e poi, ritemprato e con nuove energie, tornare ai miei doveri.

La questione della salute invece è stata una presa di coscienza che ho maturato un po' per volta, soprattutto grazie alle ricerche e agli studi che stavo affrontando e che hanno contribuito a cambiare in maniera sostanziale il mio modo di approcciarmi al cibo.

Come vi accennavo, all'epoca studiavo il colesterolo, le sue funzioni, gli effetti protettivi e quelli nocivi, oltre a leggere moltissima letteratura scientifica e a seguire seminari in cui si cominciava a parlare sempre più spesso di alimentazione e stili di vita sani e del loro rapporto con i farmaci, cioè di come un medicinale risulti più efficace se assunto da un individuo in salute, piuttosto che da uno in forte sovrappeso o con patologie cardiovascolari.

Per esempio dovete sapere che l'attività fisica migliora il nostro metabolismo, e una persona che ha un buon metabolismo assimila meglio i farmaci perché il corpo è più reattivo alle nuove sostanze.

Seguire una dieta troppo ricca di grassi saturi, invece, alla lunga non va bene perché affaticherà eccessivamente il nostro fegato, che quindi risponderà in modo meno efficiente alla terapia.

Tra l'altro in quegli anni iniziava a girare con una certa frequenza l'immagine della prima piramide alimentare che era stata elaborata negli Stati Uniti, e il tema della dieta mediterranea stava diventando di grande attualità: insomma, ovunque giravo la testa sentivo qualcuno illustrare i benefici di uno stile di vita corretto e di un'alimentazione sana, benefici che potevo verificare io stesso con i miei esperimenti in laboratorio.

> **LA DIETA MEDITERRANEA STAVA DIVENTANDO DI GRANDE ATTUALITÀ**

E così giorno dopo giorno, come una goccia che scava la roccia, questi concetti hanno cominciato a penetrarmi sempre più nel cervello e a rendermi consapevole dei danni che possono provocare i "cibi spazzatura" nel nostro organismo.

Allora non avevo ancora abbandonato il consumo di carne e di insaccati e non avevo la visione ampia e specifica di oggi, ma i semi ormai erano stati gettati e io li avevo accolti in me.

Tra le carni rosse fresche ci sono: il maiale, il manzo, il vitello, il cavallo e l'agnello.

eating my emotions

PANCAKE YOGURT GRECO E BANANE

INGREDIENTI PER 4 PERSONE

- 220 g di farina di farro (oppure farina di tipo 1)
- 350 ml di bevanda vegetale a base di soia o alla mandorla
- 30 g di zucchero a velo
- 2 banane
- 2 cucchiai di miele
- 20 g di nocciole
- 1 cucchiaino di lievito per dolci
- 1 cucchiaio di olio di semi di mais
- 150 g di yogurt greco senza grassi

Sbattere con una frusta, in una ciotola, la farina con la bevanda vegetale, il lievito e lo zucchero fino a ottenere un composto morbido, senza grumi e vellutato.

Riscaldare una padellina antiaderente e ungerne la superficie.

Cuocere il primo pancake versando circa 4 cucchiai di composto nella padella calda (ne verranno 11). Lasciar cuocere circa 2 minuti e girare per terminare la cottura.

Preparare tutti i pancake e quindi servirli impilati e farciti di banana a rondelle, nocciole tritate, yogurt in superficie e miele a filo.

IL DIXIELAND

Se dico "Dixieland", nella mia memoria non riecheggiano tanto le note di questo jazz, tipico della città di New Orleans e amato molto da Woody Allen, ma piuttosto mi viene l'acquolina in bocca.

Il Dixieland infatti era un ristorante tex-mex che mi aveva consigliato mia sorella e che all'epoca dell'università frequentavo parecchio.

La prima volta che ci sono andato con Veruska, devo ammettere che ero un po' scettico. Insomma, mi ero da poco abituato alla cucina araba e già volevano farmi scoprire nuovi sapori? Ma si sa che le mode cambiano veloci, a Milano soprattutto, e perciò in men che non si dica mi ero ritrovato seduto al tavolo del ristorante con una caipirinha in mano e nell'altra dei nachos filanti.

Be', sappiate che la cucina messicana ci ha messo proprio poco a conquistarmi con le sue pietanze gustose, speziate e coloratissime. Per esempio mi piaceva

LA CUCINA MESSICANA CI HA MESSO POCO A CONQUISTARMI

un sacco il fatto che, appena arrivavano i piatti, la tavola si trasformava subito in una festa per gli occhi e per il palato: chili, fajitas, guacamole, tortillas, tacos, patate al cartoccio con il formaggio e la paprika, fagioli e nell'aria il profumo sottile e agrumato del lime, tutto annaffiato da cocktail decorati con ombrellini che ti facevano subito sentire sulle spiagge della Riviera Maya.

Dopo quella prima volta, tornammo spesso al Dixieland insieme ai nostri amici, che parevano apprezzare almeno quanto noi quelle prelibatezze. Finché un giorno mi venne un'idea. "Perché un sabato sera non venite da me e la cena messicana la cucino io?" proposi al gruppo.

Accettarono tutti volentieri, anche perché sapevano che adoravo stare ai fornelli e che me la cavavo pure piuttosto bene.

Ricordo che quel sabato il tavolo della cucina di casa mia si riempì di ciotole e ciotoline con dentro tutto quello che di solito ordinavamo al tex-mex e, come portata principale, preparai il chili, che si rivelò non un chili qualunque, bensì un chili da tramandare di generazione in generazione tanto era buono e perfetto nell'equilibrio dei vari sapori.

I nostri amici lì per lì rimasero stupiti, perché non riuscivano a credere che fossi stato capace di replicare così bene la ricetta, al primo colpo poi!

Non c'è che dire, la serata fu un vero successo, tanto che decidemmo di organizzarne più o meno una al mese, boicottando così il ristorante, che però aveva avuto il grande merito di far nascere in me una nuova passione culinaria e di cementare ancora di più i legami di amicizia all'interno della compagnia.

Messico e nuvole, cantava Paolo Conte, io invece più che alle nuvole oggi ripenso alla felicità che allora provavo nel rendermi conto che la mia vita iniziava a piacermi da matti. E forse pure io a lei.

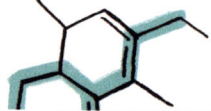

A TUTTA SOIA!

La soia è una leguminosa tra le più ricche di proteine, per questo è parente di ceci, fagioli, lenticchie, oltre a essere, quindi, un valido sostituto della carne. Grazie ai suoi grassi buoni, è utilissima anche per abbassare i livelli di colesterolo ed è un anticancro naturale.

CHILI DI SOIA

INGREDIENTI PER 4 PERSONE

- 200 g di soia (bocconcini o granulato)
- 500 ml di passata di pomodoro
- 50 g di pomodori secchi sottolio
- 250 g di fagioli borlotti lessati
- 1 cucchiaino di paprika affumicata
- 2 cucchiaini di cipolla essiccata
- 1 cipolla rossa
- olio evo q.b.
- sale q.b.

Idratare la soia per circa 20 minuti, in acqua.

Strizzarla, quindi trasferirla in padella e cuocere per 5 minuti con qualche cucchiaio di olio evo, la cipolla rossa tritata e i fagioli borlotti. Aggiungere poi la passata, nella quale in precedenza saranno stati frullati i pomodori secchi.

Aggiustare di sapidità e unire la paprika affumicata e la cipolla essiccata. Proseguire la cottura fino a ottenere un chili cremoso, quasi denso. Ideale da servire con nachos, tacos o semplicemente con riso basmati.

A COME ADDOMINALI

Dalle cose che vi ho raccontato, avrete capito che non sono mai stato un fanatico della forma fisica, anzi, la forma fisica io piuttosto la subivo.

Ma tutto questo nei primi anni Duemila era ormai storia passata, che apparteneva al Marco bambino e con il sederotto, non di certo al Marco ventenne e promettente ricercatore.

In quel periodo, infatti, dato che negli ultimi anni ero dimagrito parecchio, avevo iniziato a guardarmi con un po' di occhio critico e a pensare che magari mettere qualche muscolo in più su braccia, spalle e addome forse non sarebbe stata una cattiva idea.

Ne avevo parlato subito con Veruska e anche lei sembrava approvare, e così avevo cominciato a "pompare". Dove? Naturalmente non in palestra, perché vi confesso che non avevo ancora superato le mie resistenze verso il mondo dello sport e del fitness in generale.

No, il mio allenamento quotidiano si svolgeva nella mia stanza, cosa che non mi impedì affatto di costruirmi un corpo di tutto rispetto, anzi. Mi ero comprato anche una serie di pesetti, ogni tanto sfogliavo riviste maschili alla ricerca di consigli e dritte per scolpirmi la "tartaruga" perfetta e poi giù di flessioni, piegamenti, crunch, affondi, corsa sul posto e chi più ne ha più ne metta. Peccato solo che all'epoca non ci fosse YouTube su cui seguire qualche workout particolare perché allora sarebbe stato davvero il top. Oggi tra Tabata, CrossFit, calisthenics, Grid non c'è che l'imbarazzo della scelta.

Ma lasciamo stare il presente e torniamo al passato, perché comunque al termine di ogni sessione ero massacrato e sudato fradicio e quindi per reintegrare trangugiavo litri di sport drink (ignorando naturalmente il loro apporto calorico...), manco avessi corso la maratona nel deserto del Gobi!

Alla fine però ero soddisfatto e giorno dopo giorno la mia costanza veniva ripagata con risultati visibili, oltre al fatto che mi sentivo in forma e con molte più energie da spendere.

Non escludo che, seppur in minima parte, sarà stato anche merito del mio corpo più muscoloso e sano, però oggi non ho dubbi nell'affermare che gli anni in cui frequentavo l'Istituto sono stati davvero positivi e nel complesso felici.

Perciò, se continuiamo con la metafora dei colori, assocerei a questo periodo un bell'azzurro carico. Sì, perché l'azzurro è una tinta che mi trasmette pace e serenità, mi dà speranza e mi fa pensare a un cielo infinito ricco di possibilità tutte da cogliere. Proprio come mi sentivo allora e come ero convinto che sarebbe accaduto in futuro.

> **MI SENTIVO IN FORMA E CON MOLTE PIÙ ENERGIE DA SPENDERE**

STAY ACTIVE

La combinazione di barbabietola e cioccolato permette di unire betaina, nitrati e polifenoli, tutti ingredienti essenziali per migliorare l'ossigenazione muscolare. E ricordate che è fondamentale non tanto fare sport, ma mantenersi attivi. Camminare mezz'ora al giorno aiuta a ridurre il livello di colesterolo cattivo e alzare quello buono, contribuisce ad abbassare la pressione arteriosa e tiene sotto controllo il rischio di diabete di tipo 2. Inoltre migliora l'umore e contrasta gli effetti dello stress accumulato durante la giornata. Per questo è sempre consigliabile una bella passeggiata dopo cena!

Da preparare e consumare al momento.

FRULLATO "A TUTTA ENERGIA"

INGREDIENTI PER 4 PERSONE

- 150 g di yogurt greco magro
- 1/2 cm di radice di zenzero
- 1 banana
- 5 mandorle
- 2 datteri
- succo di 1 limone
- 50 g di barbabietola lessata

Frullare il tutto e servire!
Ideale da abbinare a un paio di quadretti di cioccolato fondente al 72%.

Se desiderate, potete aggiungere una spruzzata di cacao in polvere.

LIGURIA MON AMOUR

Non posso nasconderlo: la Liguria occupa proprio un posto speciale nel mio cuore.

Come vi ho già raccontato, non solo da piccolo trascorrevo le estati a Marinella di Sarzana, ma andavo in Liguria ogni volta che ne avevo l'occasione. Un po' perché per chi vive a Milano è davvero a un tiro di schioppo, e un po' perché, tra i tanti aspetti che amavo (e amo tuttora) di questa regione, c'è quello legato alla cucina. Ve lo voglio dire chiaro e tondo, anzi lo voglio scrivere a lettere maiuscole: LA CUCINA LIGURE MI PIACE DA MATTI!

> LA LIGURIA OCCUPA PROPRIO UN POSTO SPECIALE NEL MIO CUORE

Ricordo che durante gli anni dell'università, non appena il tempo volgeva al bello, spesso con Veruska organizzavamo delle gite in giornata a Recco, e la cosa divertente è che già i giorni prima della "partenza" li vivevamo in uno stato di attesa febbrile: intanto controllavamo in maniera ossessiva il meteo sperando che ci fosse il sole, altrimenti avremmo dovuto rinunciare; poi, una volta sicuri del clima favorevole, correvamo in agenzia di viaggi ad acquistare i biglietti del treno. Ma vi rendete conto? A ripensarci oggi sembra il Medioevo, eppure in quegli anni non si comprava online, figurarsi! Era già tanto avere la connessione a casa, e comunque era di una lentezza esasperante, altro che 5G!

Arrivati a Recco, ci fiondavamo subito in spiaggia, dove restavamo ad abbrustolirci per ore. Ci spostavamo soltanto verso l'ora di pranzo per andare a mangiare la magnifica focaccia con il formaggio tipica di lì: se ci ripenso, mi pare quasi di sentirne il sapore in bocca, e devo ammettere che era di una bontà commovente.

Dopodiché, ben rifocillati, tornavamo a stenderci sulla sabbia fino a quando non era il momento di ripartire. Ma sulla via del ritorno eravamo immancabilmente colti da quello che io chiamavo il "dolore da treno". Di cosa si tratta? Be', è presto detto...

Veruska e io ci scottavamo talmente tanto che la nostra pelle si appiccicava a quella dei sedili e ogni minimo movimento si trasformava in una piccola agonia. Ma si sa, a vent'anni si è sventati e noi, tra l'altro, l'indomani ci tenevamo a sfoggiare una bella abbronzatura, dunque perché perdere tempo con la crema protettiva? E pensare che oggi invece sono io a insegnare a prevenire le scottature.

A parte queste gite lampo a Recco, per alcuni anni Lavagna è stata la meta delle nostre vacanze estive, perché lì i genitori di Veruska avevano un appartamento in cui noi potevamo trascorrere qualche settimana di relax, tra mare, natura e sagre di paese.

Infatti, in estate, l'entroterra ligure si anima di eventi enogastronomici e noi adoravamo andarci la sera per assaggiare le tante prelibatezze che offre la cucina locale: dalle verdure ripiene alla pasta al pesto, ai pansoti con il sugo di noci, ai ravioli alla borragine. E ovviamente, su tutto, sua maestà la focaccia!

Capite ora perché dico "Liguria mon amour"? Non solo perché è una terra di una bellezza capace di stordire, ma anche perché è una terra di sapori che ti sanno far felice.

Mi credete se vi dico che la cottura al forno rende le verdure ancora più buone?

Cipolle ripiene di ragù di lenticchie

INGREDIENTI PER 4 PERSONE

- 20 cipolle piccole
- 150 g di lenticchie lessate
- 50 g di pomodori secchi sottolio
- 200 ml di passata di pomodoro
- 1 carota piccola
- 1 cucchiaio di pane grattugiato
- timo e origano freschi q.b.
- olio evo q.b.

Svuotare le cipolle e tenere da parte lo "scarto" per realizzare il ripieno.

Preparare il ragù di lenticchie cuocendo per circa 20 minuti le lenticchie lessate con la salsa di pomodoro, nella quale si saranno frullati grossolanamente i pomodori secchi sottolio, la cipolla (lo "scarto") e la carota.

A fine cottura aggiungere timo, origano, pane grattugiato e mescolare.

Riempire le cipolline con questo composto, condire con un filo d'olio e infornare per 30-40 minuti a 180 °C, modalità forno statico.

MONTAGNE VERDI

Non so se l'avete notato, ma fino a ora non ho mai parlato di montagna, né di vacanze sulla neve, né tantomeno di sport invernali. Il motivo è semplice: soffro terribilmente il freddo. Persino con cinque paia di guanti, sette strati fra calze, calzettoni e calzamaglie, insomma anche imbacuccato come un eschimese ho sempre l'impressione di congelare, ed è una cosa che non sopporto.

Per questo ho sempre girato alla larga dalle località montane, finché Veruska non trovò la maniera di farmi scoprire la bellezza della montagna presentandomela da un punto di vista che non avevo mai preso in considerazione. Un giorno infatti mi disse: "I miei genitori amano molto la montagna d'estate, perché una volta non andiamo con loro? Sono certa che ti piacerà".

E così partimmo alla volta di Ponte di Legno, uno degli ultimi paesi della Valle Camonica situato all'estremità nord-orientale della Lombardia, dove trascorremmo un paio di settimane.

Per me fu un'autentica sorpresa!

Per prima cosa rimasi colpito dal clima splendido: mi piaceva un sacco il fatto che di giorno si girasse tranquillamente in maglietta, mentre la sera bisognava indossare il maglione e si aveva finalmente una tregua dall'opprimente caldo estivo.

Non avrei mai immaginato di ritrovarmi immerso in tutto quel verde, un verde talmente intenso e brillante che avevi quasi la sensazione di poterlo respirare

ADORAVO ESSERE CIRCONDATO DALLA NATURA

insieme all'aria tersa e purissima. Adoravo essere circondato dalla natura, specialmente quando la mattina uscivamo per fare lunghissime camminate che si concludevano solo a pomeriggio inoltrato. Durante quelle gite avevo l'occasione di ammirare paesaggi diversi: dal fitto dei boschi ai pascoli, alle distese erbose di tanto in tanto attraversate da qualche ruscello o punteggiate da malghe in pietra o da baite in legno in cui ci si fermava a mangiare.

Per me che avevo sempre passato le estati al mare era tutto nuovo e bellissimo, e devo ammettere che persino il grande silenzio che domina incontrastato fra i monti esercitava su di me un potente fascino, abituato com'ero al traffico della città e al cicaleccio costante delle spiagge liguri.

Infine, ma non per questo meno importante, anche le specialità culinarie della zona hanno contribuito a rendere la vacanza a Ponte di Legno indimenticabile.

Per esempio non posso non citare due dei formaggi tipici di cui ero subito diventato goloso: il Silter a pasta dura e il Casolet a pasta semidura e dalla forma triangolare.

Un'altra leccornia, a cui la mattina a colazione non rinunciavo mai, erano dei biscotti preparati con una tale quantità di burro artigianale da essere praticamente gialli, oltre che un po' difficili da digerire...

E poi, dato che allora mangiavo ancora la carne, il papà di Veruska mi aveva fatto assaggiare la carne salada, cioè fesa sceltissima di bovino salata e aromatizzata in salamoia: una delizia da gustare cruda con un filo d'olio.

È proprio vero che a volte è solo questione di punti di vista: oggi sono vegetariano e amo la montagna.

Quando preparate un dolce, anziché il burro, usate un olio dal sapore delicato e della frutta secca.

Se li conservate in una confezione ermetica, dureranno per giorni!

BISCOTTI AL CAFFÈ E CIOCCOLATO

INGREDIENTI PER 4 PERSONE

- 200 g di farina di tipo 1
- 20 g di frumina
- 80 g di mandorle tritate
- 50 g di zucchero mascobado
- 7 cucchiai di olio di semi di mais
- 1 tazzina di caffè
- 40 g di gocce di cioccolato
- 2 cucchiaini di cacao amaro in polvere
- 4 cucchiaini di caffè macinato

Mescolare per bene tutti gli ingredienti e formare una palla che si lascerà riposare al fresco per circa 30 minuti.

Stendere allo spessore di 1-2 cm, quindi ritagliare con la forma desiderata e cuocere i biscotti nel forno caldo e con modalità statica per circa 15 minuti a 170 °C.

In alternativa al buon mattarello è anche possibile preparare un cilindro di questo impasto utilizzando per avvolgerlo della carta forno, congelarlo per circa mezz'ora e quindi tagliare tanti dischetti della stessa altezza che saranno pronti per essere infornati.

BALLANDO SOTTO LE STELLE

Chi vive a Milano sa che in agosto la città si svuota ogni giorno di più, fino a raggiungere il culmine della "desertificazione" intorno a Ferragosto.

Gli uffici chiudono, i negozi abbassano le serrande, i mezzi pubblici diradano le corse e le strade si spopolano, lasciando i pochi rimasti in balìa di un caldo torrido e dell'asfalto bollente.

So che messa così sembra la descrizione di uno scenario apocalittico da cui si vuole solo scappare a gambe levate per non soccombere alla noia e all'alienazione, eppure all'epoca, quando Veruska e io trascorrevamo alcune settimane nella città agostana, eravamo felici. Ma felici davvero!

Per noi infatti era l'occasione di fare i primi timidi tentativi di convivenza perché entrambe le nostre famiglie non c'erano. Così a volte per qualche giorno mi trasferivo io da lei o viceversa.

> APPENA CALAVA IL BUIO, CI METTEVAMO AI FORNELLI E CUCINAVAMO

Le nostre giornate insieme erano lunghe e pigre, di solito ci sdraiavamo sul divano a leggere, oppure a vedere qualche film, altrimenti ogni tanto facevamo un salto in piscina per rilassarci sotto il sole e prendere un po' di tintarella.

La sera invece era il momento in cui, come animali notturni, finalmente ci rianimavamo e uscivamo allo scoperto. Tanto per cominciare, appena calava il buio, ci mettevamo ai fornelli e cucinavamo, viziandoci con i nostri piatti preferiti e le stupende torte allo yogurt di Veruska. Poi dopo cena, dato che siamo entrambi dei gran camminatori, ce ne andavamo a passeggio per Milano, scoprendo la bellezza lenta della città che si rivelava ai nostri occhi.

Per esempio ricordo che rimasi molto colpito da piazza del Duomo, perché per la prima volta in vita mia potevo ammirarla in tutta la sua silenziosa maestosità, potevo apprezzare la vastità dello spazio magicamente sgombro da turisti, ambulanti e piccioni e godere di quell'immagine del cuore di Milano che mi pareva quasi "privata", come se fosse un regalo solo per me.

Un altro appuntamento di quelle serate estive erano i concerti all'Acquatica, di cui Veruska era una specie di habitué perché dovete sapere che è una rockettara sfegatata.

La prima volta che mi portò, rimasi a bocca aperta: di certo non avrei mai immaginato di vedere gente che faceva il bagno nel bel mezzo della notte, mentre qualche gruppo suonava e le persone ballavano o chiacchieravano sedute ai tavolini intorno alla piscina con il drink in mano.

E poi ero parecchio colpito dalla musica perché, al contrario di Veruska, io sono un amante del pop e della musica leggera italiana; nessuno mi aveva mai introdotto al rock duro e puro e soprattutto così di colpo... Insomma, è stato un bello shock per le mie orecchie, però devo ammettere che mi è piaciuto molto e mi ci voleva proprio quella sferzata di energia che soltanto chitarre elettriche e batterie sanno dare!

Usciti dall'Acquatica, sulla via del ritorno facevamo sempre una sosta al chiosco che preparava panini alla porchetta o con la salamella, che sfrigolavano sulla piastra come un concerto rock in miniatura. Dopo aver speso tante calorie ballando e cantando si poteva forse rinunciare? Io direi proprio di no!

Persino un panino può essere un piatto sano e completo: basta usare gli ingredienti giusti!

Si possono farcire anche con un formaggio fresco come ricotta o caprino.

PANINO AI CEREALI CON CREMA DI TOFU E MELANZANA

INGREDIENTI PER 4 PERSONE

- 4 panini multicereali
- 150 g di tofu al naturale
- 150 g di olive taggiasche denocciolate
- 20 g di capperi sottaceto
- 4 cucchiai di olio evo
- 4 cucchiai di acqua
- 1 melanzana
- 1/2 spicchio di aglio
- foglie di menta q.b.
- sale q.b.

Tagliare la melanzana a fette e grigliarle.

Nel frattempo preparare la crema di tofu: nel robot da cucina inserire olive, tofu, capperi sgocciolati, olio, acqua e aglio.

Frullare alla massima velocità fino a ottenere una crema morbida e vellutata.

Aggiustare di sapidità e farcire il panino alternando fette di melanzana grigliate alla crema e aromatizzando con le foglie di menta tra gli strati.

SONO UN TECNICO IN RICERCA BIOCHIMICA

Ebbene sì, anche per me era finalmente arrivato il grande giorno: il 18 maggio del 2000 infatti mi sono diplomato.

Ricordo che quella mattina, mentre mi vestivo nella mia stanza, ero piuttosto stranito e anche un po' malinconico, perché non mi pareva possibile che i tre anni al Mario Negri fossero già finiti: tre anni che erano letteralmente volati via tra esperimenti in laboratorio, seminari e ricerche, tre anni di bellissime scoperte (umane e professionali), tre anni di grande serenità.

Quando entrai nella stanza della discussione della tesi, mi accorsi che mi tremavano le mani: di fronte a me, simile a un plotone, era schierata la commissione composta da membri sia esterni sia interni, davanti alla quale avrei dovuto esporre i risultati del mio studio sugli effetti dei farmaci per combattere il colesterolo e sugli stati infiammatori delle cellule, che sono responsabili di diabete, infarti e anche di alcuni tumori.

Sistemai i miei lucidi (i lucidi, vi rendete conto?!) e cominciai a parlare, all'inizio con voce incerta e poi con sempre più sicurezza e disinvoltura, finché, nel giro di quelli che mi sembrarono appena pochi secondi, non mi ritrovai a stringere le mani dei docenti che mi facevano le congratulazioni.

Fuori ad aspettarmi c'erano i miei compagni di corso, con cui, come da tradizione, andammo in un bar a brindare. Ordinai un paio di bottiglie di prosecco e, fra cori e pacche sulle spalle, festeggiammo il mio ingresso, a tutti gli effetti, nel mondo degli adulti. Be', lo sapete anche voi come finiscono queste cose: un bicchiere tira l'altro, un cin-cin ne chiama un altro e, quasi senza accorgermene, mi ritrovai completamente alticcio che non era neanche l'ora di pranzo! Tenete conto che non sono mai stato un bevitore accanito, quindi immaginatevi la scena...

I nostri antenati, gli antichi e saggi Romani, dicevano: *Semel in anno licet insanire* (una volta all'anno è lecito fare pazzie), e io di certo quel giorno ne commisi una. Eppure non fu quell'occasione a mettermi in guardia dal consumo eccessivo di alcol, avvenne piuttosto dopo che avevo iniziato a lavorare, quando per alcuni mesi sperimentai sulla mia pelle quanto può essere nocivo e intossicante per il nostro corpo.

Scommetto che adesso volete saperne di più, vero? Allora andate subito a p. 139.

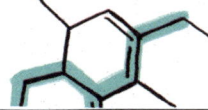

QUESTIONE DI **COTTURA**...

Sulla nostra tavola impariamo ad alternare verdure cotte e crude, perché in base alla cottura faremo scorta di diversi nutrienti. Per esempio, la vitamina C si distrugge con il calore, mentre il mondo dei carotenoidi si assimila meglio se cotto e condito.

Pinzimonio di verdure con bicchierino di quinoa croccante

INGREDIENTI PER 4 PERSONE

Per il pinzimonio
- 3 carote arancioni
- 3 carote viola
- 1 peperone
- 1 cavolfiore
- 4 cucchiai di aceto balsamico
- 1 cucchiaio di olio evo
- 1 lime

Per la quinoa
- 200 g di quinoa
- 20 g di anacardi
- 20 g di mandorle
- 1 mazzetto di prezzemolo
- 1 gambo di sedano
- 200 g di lenticchie lessate

Preparare il pinzimonio mondando la verdura e riducendola a listarelle, eccetto il cavolfiore che andrà fatto a cimette piccole. Preparare un'emulsione frullando aceto, succo di lime e olio evo. Servire le verdure con l'emulsione.

Cuocere la quinoa in un volume di acqua pari a una volta e mezzo il suo peso (seguire le indicazioni sulla confezione), dopo averla opportunamente risciacquata.

Una volta cotta, sgranata e raffreddata, condirla con un trito di mandorle, anacardi, prezzemolo. Aggiungere il sedano ridotto a brunoise e le lenticchie lessate.

THE PLACE TO BE

Un paio di mesi dopo il diploma, ricevetti due interessantissime proposte di lavoro: una dal Besta, l'istituto di eccellenza nella ricerca e nella cura delle malattie neurologiche, e l'altra dall'IFOM, il primo centro italiano completamente dedicato alla ricerca sul cancro.

Quasi senza il minimo tentennamento o incertezza, accettai la seconda offerta, perché avrebbe significato lavorare all'interno di un laboratorio di patologia molecolare a stretto contatto con i migliori esperti in campo oncologico – che venivano chiamati da tutta Italia e dall'estero – avendo a disposizione le attrezzature più all'avanguardia in un ambiente di ricerca pura e innovativa.

All'epoca il campus era ancora in costruzione, eppure si respirava già un'aria di grande affiatamento tra le persone che vi lavoravano, ci si sentiva tutti parte di un importante progetto di crescita sperimentale, a cui ognuno era chiamato a dare il proprio contributo, senza le fastidiose limitazioni dettate dalle gerarchie.

L'obiettivo del campus infatti era stimolare il lavoro d'équipe per innescare proficue sinergie e, più passava il tempo, più mi rendevo conto di quanto fossi fortunato a trovarmi lì. Per questo cercavo di dare il massimo e di essere sempre disponibile per chiunque, lavorando dieci ore praticamente ogni giorno, con appena una ventina di minuti di pausa pranzo, perché come vi ho già raccontato non amo "staccare" troppo a lungo. E così quando andavo in mensa mi fiondavo subito all'angolo delle insalate, dove c'erano svariati ingredienti che potevo combinare come preferivo per consumare un pasto sano e leggero.

Ricordo che la mattina amavo arrivare prestissimo per rivedere i risultati del giorno prima e organizzare con calma il mio lavoro, che consisteva nell'analisi sull'alterazione del DNA del paziente ammalato di cancro e in metastasi. L'esame avveniva attraverso i *Tissue microarray* (allora eravamo gli unici in Italia a usarli), ovvero blocchi di paraffina dove, in piccoli cilindri, venivano inseriti i tessuti degli organi di diversi pazienti, permettendoci in questo modo di assemblare un enorme numero di campioni, di sveltire la procedura e di costituire un immenso database clinico.

Dopo qualche tempo che ero al campus, mi proposero di occuparmi anche di un'altra attività, che vi confesso mi ispirava tantissimo: diventare il responsabile del reagentario. Di cosa si trattava? Nel mio caso il reagentario era rappresentato da tre frigoriferi tenuti a tre diverse temperature, +4 °C, -2 °C e -80 °C, in cui erano conservati i reagenti chimici di tutti i laboratori. Il mio compito era annotare ciò che veniva preso e da chi, e poi fare gli ordini per il riassortimento. Vi assicuro che questo aspetto burocratico e gestionale mi piaceva da matti, ma immagino che ormai non faticherete a credermi.

Neanche un paio d'anni più tardi ricevetti un'altra bella notizia: mi ero finalmente guadagnato il mio primo contratto a tempo indeterminato, che tuttavia non ebbe vita molto lunga. Nelle prossime pagine scoprirete perché.

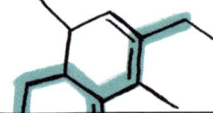

ORZO, AVENA E COLESTEROLO

L'orzo e l'avena sono ricchi di beta-glucani, ovvero delle fibre particolari che hanno un'attività ipocolesterolemizzante, ipoglicemizzante e immunomodulatoria. Hanno inoltre la capacità di ridurre l'assorbimento del colesterolo che viene eliminato attraverso le feci. La dose giornaliera si aggira intorno ai 3 grammi.

INSALATONA DI ORZO CON SALSINA DI ANACARDI

INGREDIENTI PER 4 PERSONE

- 320 g di orzo
- 50 g di olive taggiasche denocciolate
- 50 g di pecorino
- 1 mela verde
- 10 pomodori datterini
- 1 avocado maturo
- 80 g di anacardi
- 2 carote
- 200 g di fagioli cannellini lessati
- 2 cucchiai di olio evo
- 3 cucchiai di acqua

Lessare l'orzo e lasciarlo raffreddare.

Nel frattempo tagliare l'avocado e la mela verde a cubetti, grattugiare le carote e ridurre a scaglie il pecorino.

In un cutter frullare gli anacardi con 3 cucchiai di acqua e 2 di olio evo fino a ottenere una salsina, che diventerà poi il condimento dell'insalatona.

Condire l'orzo con tutti gli ingredienti e servire con la salsina di anacardi.

L'AMICO TEDESCO

Era ormai da qualche settimana che in tutto il campus non si faceva altro che vociferare dell'apertura di un nuovo laboratorio di ricerca diretto da un italotedesco e da due suoi assistenti.

Come quasi sempre accade per le novità, specialmente in ambito lavorativo, eravamo tutti animati da un misto di curiosità e sospetto, e spesso in mensa o durante le pause ci lanciavamo in mille congetture sui nostri nuovi colleghi: saranno simpatici? Collaborativi? Alla mano o rigidi e implacabili come soldati? Di cosa si occuperanno? E via discorrendo.

Il destino volle che il primo a incontrare uno dei "tedeschi" fossi proprio io, e in fondo me lo sarei dovuto pure aspettare.

Come vi ho raccontato, ero il responsabile del reagentario, perciò sapevo che prima o poi sarebbero venuti a bussare alla mia porta per ordinare qualche materiale o sostanza per il loro laboratorio. E infatti un giorno mi trovai davanti il giovane Frank, biondo e bello da togliere il fiato, tanto che nel giro di pochissimo tempo era diventato l'idolo delle donne del campus.

Frank era timido e un po' introverso, non era certo uno che dava grande confidenza, ma, dato che veniva al reagentario quasi ogni giorno e io ero praticamente l'unico con cui parlava, poco per volta cominciammo a pranzare insieme in mensa; chiacchierando di questo e di quello, scoprimmo di avere parecchi interessi in comune. E il passo che ci portò a frequentarci anche fuori dal campus fu davvero breve.

La prima volta che uscimmo a cena lo portai al Kapuziner Platz, un ristorante bavarese in centro a Milano, perché volevo che ritrovasse le sue tradizioni culinarie e respirasse, almeno per qualche ora, l'aria di casa.

La cena fu un successone: ci rimpinzammo di stinco di maiale con patate, salsicce, crauti e pretzel, e lui naturalmente da buon teutonico tracannò litri di birra.

Una volta fuori dal locale, Frank, contentissimo, mi disse: "Ho visto che a Milano hanno aperto il Lidl, perciò se ti va una cena tipica tedesca te la posso cucinare anch'io".

"Scusa, Frank, ma che cos'è il Lidl? È la prima volta che lo sento nominare" gli chiesi stupito.

"Il Lidl è un supermercato tedesco. Hai presente quelle salsiccine bianche che abbiamo mangiato prima? Ecco, al Lidl le hanno tali e quali. E sai cos'ha di bello questa catena di supermercati? Che nei loro prodotti non ci sono conservanti, infatti vengono riforniti ogni giorno. Quindi, se ti va, perché tu e Veruska sabato sera non venite da me, che vi faccio provare le specialità del mio paese?"

FRANK AMAVA VIZIARCI CON WÜRSTEL, CURRYWURST E SCHNITZEL

Accettai con piacere, e quella fu solo la prima di tante cene a casa di Frank, che amava viziarci con würstel, Currywurst e Schnitzel, ossia scaloppine di carne impanata, il tutto accompagnato da brocche di Martini.

E secondo voi il Martini si sposava bene con quei piatti? Certo che no, ma pazienza.

Negli anni in cui frequentai assiduamente Frank, tanto da trascorrere insieme pure una breve vacanza a Monaco, il nostro consumo di carne rossa, e per di più lavorata, superava di parecchio i 500 grammi alla settimana.

Ma allora non ce ne preoccupavamo, i risultati sui possibili effetti nocivi della carne sarebbero arrivati solo nel 2007.

Il cavolo verza crudo è ricco di vitamina C.

CRAUTI CON LA MELA E LA SENAPE

INGREDIENTI PER 4 PERSONE
- 1 verza bianca piccola
- 1 verza viola piccola
- 3 cucchiai di senape forte
- 10 cucchiai di aceto di mele
- 1 mela gialla piccola
- 2 cipolle bianche
- 1 cucchiaio di cumino
- pepe q.b.
- sale q.b.
- olio evo q.b.

Tagliare sottilmente le verze, quindi disporle in una casseruola "condite" con aceto, cumino, olio, un pizzico di sale e pepe. Lasciar "marinare" per 24 ore, in frigorifero, ben coperte.

Trascorso il tempo, mettere la casseruola sul fuoco e iniziare la cottura aggiungendo le cipolle tritate, la mela a cubetti (senza buccia) e acqua di tanto in tanto (dipenderà molto da quanta acqua avranno rilasciato le verze nel frattempo).

Quando le verze saranno cotte e la mela disfatta, aggiungere la senape, mescolare e servire.

I crauti saranno ancora più buoni dopo qualche giorno…

I COCKTAIL

Ricordo che un sabato sera del 2002 ero fuori con alcuni amici e stavamo passeggiando sul Naviglio alla ricerca di un locale in cui bere qualcosa.

A un certo punto, appena scesi da uno dei ponticelli che collegano le due sponde, all'angolo con una via stretta e buia notammo un bar che sembrava fare al caso nostro: il Rita Cocktail.

Venimmo subito accolti dai due giovani proprietari che ci servirono un giro di drink buonissimi e cominciarono a raccontarci la loro storia. Ci spiegarono che avevano aperto da pochissimo e che la loro filosofia era offrire ai clienti l'eccellenza del bere, per questo a turno uno dei due andava per il mondo a scoprire gli alcolici, i cocktail e le tecniche di preparazione migliori in grado di far risaltare al massimo le potenzialità di ogni bicchiere. Intanto tra una bevuta e l'altra ci portavano succulenti stuzzichini che divoravamo con gran gusto, e che erano sempre parte integrante di questa ricerca.

I miei amici e io, naturalmente, non impiegammo molto a lasciarci conquistare dalle delizie enogastronomiche del Rita e così prendemmo l'abitudine di andarci un paio di volte alla settimana. Di solito io bevevo un Mojito o un Daiquiri frozen, che erano i miei cocktail preferiti, mentre gli altri assaggiavano le ultime novità scovate dai proprietari: rum profumatissimi importati da Cuba, vodke kazake, whisky torbati scozzesi.

Sempre in quel periodo, a queste bevute si aggiungevano le serate con Frank, che non erano mai esattamente sobrie, anzi...

Finché un giorno, dopo circa otto mesi di questa "terapia" alcolica, il mio corpo disse basta.

All'improvviso cominciai ad avere problemi all'intestino che mi tormentavano da mattina a sera, senza lasciarmi un attimo di tregua. Dopo una settimana d'inferno corsi dal medico, che fu lapidario: "Marco, smetti di bere, perché ti stai rovinando l'intestino".

Dopo quest'esperienza, il mio rapporto con gli alcolici è nettamente cambiato e per fortuna il mio intestino ha ripreso a funzionare come si deve senza conseguenze, ma ammetto di essermi preso un bello spavento.

Oggi non mi nego di certo un buon bicchiere di vino rosso, un drink in compagnia degli amici o un brindisi per festeggiare un lieto evento, ma tutto avviene con moderazione e secondo le dosi suggerite dalle ricerche mediche, perché non bisogna mai dimenticare che l'alcol, assunto oltre determinate quantità, è cancerogeno.

In medio stat virtus, dicevano quei saggi dei Romani.

Che duemila anni dopo abbiano ancora ragione? Io credo proprio di sì.

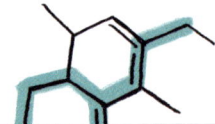

VIETATO AI MINORI

Con l'alcol non si scherza! Sappiate che la sua riduzione (e addirittura l'esclusione) rappresenta uno dei pilastri della prevenzione anticancro. Le dosi raccomandate dall'OMS sono di 20 grammi al giorno di etanolo per l'uomo e 10 per la donna (rispettivamente 2 e 1 bicchieri di vino). Per gli anziani la soglia si abbassa, mentre per bambini e adolescenti il divieto è tassativo.

L'alcol poi è un nutriente non indispensabile, ovvero è calorico, ma non apporta nutrienti. In sostanza ingrassa e non sazia!

BIS DI SHOTTINO DELLA SALUTE

INGREDIENTI PER 4 PERSONE

- 2 mango maturi
- 2 cm di radice di zenzero
- 200 ml di latte

- 200 g di barbabietola lessata
- 1 mela verde
- 1/2 limone
- 200 ml di latte
- 30 g di cocco grattugiato

Con un frullatore preparare i due shottini, frullando gli ingredienti insieme, aggiungendoli uno alla volta.

In alternativa al latte usate una bevanda vegetale, come quella di mandorla o di avena.

CICERONE IN CAMICE

Scrivo "Cicerone" e ovviamente esagero, anche se forse, sotto sotto, un po' di verità c'è. Adesso vi racconto perché.

Lavoravo al campus ormai da parecchi anni e spesso all'interno della struttura si svolgevano eventi dell'AIRC (Associazione Italiana per la Ricerca sul Cancro), oppure si organizzavano momenti istituzionali con politici, ministri e personalità del mondo scientifico. Poi un giorno l'IFOM decise di aprire le sue porte anche a semplici visitatori; serviva quindi una persona che li accogliesse e li accompagnasse in giro per il campus, illustrando le varie attività che si svolgevano all'interno dei laboratori.

Indovinate un po' chi fu il prescelto? Io!

E così c'erano dei giorni in cui, con indosso il mio bel camice inamidato, facevo da Cicerone ai visitatori che mi subissavano di domande su tutto ciò che avveniva in quel microcosmo di ricerca oncologica.

Nonostante fosse un impegno in più oltre al mio lavoro di routine e alla gestione del reagentario, devo ammettere che non mi dispiaceva affatto stare a contatto con le persone, e credo di aver capito proprio durante quelle "visite guidate" che ero portato per la comunicazione, che ero insomma quel che si definisce un buon comunicatore.

HO CAPITO CHE ERO PORTATO PER LA COMUNICAZIONE

Se tanto amavo stare al campus e portare avanti i miei compiti quotidiani, ero un po' più insofferente a partecipare ad alcune attività caldeggiate dall'IFOM. Mi spiego meglio: poiché c'erano molti ricercatori provenienti dall'estero, il campus cercava di favorire la loro integrazione e i rapporti tra colleghi attraverso una serie di eventi, a cui non sempre avevo voglia di andare. Non per snobismo o perché non mi trovassi bene con i colleghi, figurarsi, ma semplicemente perché dopo tante ore trascorse lì dentro avevo voglia di tornare a casa, di stare con Veruska e di dedicarmi alle mie passioni, la cucina per esempio!

C'erano però degli eventi a cui proprio non si poteva mancare, come la festa di Natale o determinate situazioni di "rappresentanza"; a quel punto partecipavo sfoggiando il mio miglior sorriso e facendo pubbliche relazioni con un calice di vino in una mano e uno stuzzichino nell'altra.

Non so nemmeno più quante tartine, tramezzini e finger food non meglio identificati avrò mangiato in quelle occasioni. So solo che, tra affettati e cremine varie, l'indomani il mio intestino non mi ringraziava.

Ma esistono stuzzichini sani?, mi chiedevo allora un po' scoraggiato. Assolutamente sì, come avrei ben presto scoperto!

PANINO CON CANNELLINI, POMODORI SECCHI E MELANZANA

INGREDIENTI PER 4 PERSONE

- 4 filoncini integrali
- 250 g di fagioli cannellini lessati
- 50 g di capperi sottaceto
- 50 g di pomodori secchi sottolio
- 4 foglie di lattuga
- 8 fette di melanzana grigliata
- olio evo q.b.
- pepe q.b.

In una ciotola capiente versare i cannellini lessati e risciacquati. Con una forchetta schiacciarli con un filo di olio e pepe, aggiungere i capperi e mescolare.

Tagliare a striscioline i pomodori secchi e le fette di melanzane grigliate (si possono acquistare già pronte nel banco freezer) e precedentemente ripassate in padella o al microonde.

Farcire il panino con la crema di cannellini e capperi, le striscioline di pomodori secchi e melanzane e la lattuga spezzettata con le dita.

IL VILLAGGIO DELLA SCIENZA

Quando la sera rincasavo dal campus mi mettevo subito ai fornelli, e ricordo che uno dei piatti che cucinavo più spesso erano le torte salate.

Come mai? Be', per un motivo tanto semplice quanto pratico: oltre a essere sane (usavo molte verdure, come bietole, coste e asparagi) e nutrienti, le potevo conservare facilmente, in modo da avere per qualche altra sera la "pappa" pronta e non cedere alla tentazione di mangiare cibo spazzatura solo per pigrizia, una brutta abitudine che affligge tanti di noi...

Il fatto è che in quegli anni il lavoro al campus era diventato sempre più totalizzante. Bellissimo e stimolante, certo, ma anche parecchio impegnativo a livello di tempo e di coinvolgimento mentale e umano.

Il centro infatti cresceva a ritmi vertiginosi: sempre più spesso vedevano la luce pubblicazioni importantissime, l'afflusso di cervelli provenienti dall'estero aumentava costantemente e l'IFOM era ormai considerato il primo polo di ricerca oncologica di tutta Europa.

Inoltre le visite istituzionali, e non solo, si susseguivano in maniera serrata, e sovente il campus riceveva richieste da parte delle scuole che volevano portare gli alunni a vedere questo centro di eccellenza. Perciò, nel giro di qualche tempo, nacque il progetto IFOM per la Scuola.

Inutile che vi dica che fui subito scelto come Cicerone. "Ancora!" mi sembra quasi di sentirvi esclamare. Eh, si vede che era proprio il mio destino... Tra l'altro l'idea mi esaltò immediatamente e mi ci dedicai anima e corpo.

Intanto fu creata un'area didattica, ovvero un open space nuovo di zecca e ben attrezzato, in cui gli studenti di tutte le scuole potevano fare un paio d'ore di laboratorio (vero) con il sottoscritto, dopo un momento di teoria di cui mi occupavo sempre io.

Il progetto riscosse un grande successo e ricevevamo richieste da numerosissime scuole, all'inizio solo milanesi e dell'hinterland, poi da tutta Italia, tanto che poco per volta questa attività cominciò ad assorbirmi quasi a 360 gradi.

Infatti, oltre alle visite vere e proprie, dovevo preparare i materiali didattici, controllare che nel laboratorio ogni cosa fosse in ordine e che fosse pronto ad accogliere la scolaresca successiva.

> ERANO GIORNATE INTENSE, CHE PERÒ MI PIACEVANO DA MATTI

Erano giornate – diventate poi anni – davvero intense e adrenaliniche, che però mi piacevano da matti e mi davano soddisfazione. Soddisfazione che culminò quando ottenemmo il riconoscimento ministeriale e approdammo addirittura in Sicilia.

Ma per questa storia dovete proseguire.

TORTA SALATA CON ASPARAGI

INGREDIENTI PER 4 PERSONE

Per la torta
- 300 g di semola di grano duro integrale
- 80 ml di olio evo
- 80-100 ml di acqua fredda
- 1 pizzico di sale

Per la farcia
- 5 asparagi
- 3 cucchiai di olio evo
- 3 cucchiai di pecorino
- 400 g di ricotta fresca
- pepe q.b.

Preparare la base riunendo tutti gli ingredienti e mescolandoli.

Mentre l'impasto riposa si può realizzare la farcia: sbollentare gli asparagi sottilmente affettati, quindi aggiungere olio, ricotta, pecorino e pepe.

Stendere l'impasto. Farcire la torta e infornare a 190 °C per 40 minuti circa, fino a doratura.

LA SICILIA

Era una bella mattina del 2010, quando fui convocato dal direttore del campus per una nuova proposta.

Mentre camminavo diretto all'ufficio mi sentivo eccitato e curioso, perché ormai avevo capito che l'insegnamento e la divulgazione ai ragazzi erano le attività che amavo di più. Oltre alla cucina, ovviamente!

Appena mi illustrarono il progetto, a momenti scivolai giù dalla sedia. No, non per lo shock o la delusione, ma per la gioia.

Mi spiegarono infatti che stavano per aprire un laboratorio di biologia molecolare a Palermo, grazie ai soldi requisiti alla mafia, e volevano che, per cinque giorni al mese all'incirca per un anno e mezzo, andassi là a fare formazione agli studenti.

Come potete immaginare, accettai al volo senza nemmeno aver bisogno della classica notte di riflessione. Ero a dir poco entusiasta ed euforico, anche perché sapevo che il laboratorio che stavano mettendo in piedi sarebbe stato all'avanguardia e provvisto di tutte le ultime tecnologie: insomma, uno sballo.

Tra l'altro non ero mai stato in Sicilia, di cui avevo sentito grandi cose, soprattutto a proposito della cucina, perciò le aspettative che nutrivo verso questa nuova esperienza montavano nella mia testa alla velocità di uno tsunami che per chilometri corre libero e inarrestabile sulla superficie dell'oceano.

Ebbene, oggi posso dirvi che nessuna di queste aspettative è stata disattesa o si è rivelata inferiore alle mie previsioni, anzi. Intanto, per chi ha sempre vissuto al

Nord come me, provare sulla propria pelle l'accoglienza del Sud è come ritrovarsi a essere re all'improvviso. Tutti sono gentili, affabili e ospitali in una maniera che può diventare persino commovente. Non ho sofferto neanche per un istante la nostalgia di casa, né mi sono mai sentito solo o spaesato, merito soprattutto dei colleghi che ogni sera mi invitavano a cena a casa loro, dove mi introducevano alle meraviglie della cucina siciliana. Verdure da sogno (vogliamo parlare delle loro melanzane?), frutta secca eccezionale, dolci da inebriare i sensi, pesce preparato in mille modi diversi e tutti gustosi.

Volete sapere quali erano i miei due piatti preferiti? Lo sfincione palermitano e le sarde a beccafico. Di che cosa si tratta? Be', ve lo spiego subito: lo sfincione è una sofficissima focaccia ricoperta da un sugo molto ristretto di pomodoro e abbondante caciocavallo, mentre le sarde a beccafico sono condite con pane grattugiato, aglio e prezzemolo tritati, pinoli e uvetta sultanina. Davvero da leccarsi i baffi.

> LA SICILIA NON È SOLTANTO UN POSTO, MA UN LUOGO DELL'ANIMA

Infine, ma non per questo meno importante, a rendere così speciali quelle giornate è stato il rapporto con gli alunni. Durante quell'anno, nel laboratorio ne saranno passati più o meno seicento e tutti mi hanno regalato un bel ricordo o un'immagine che porto ancora nel cuore. Senza contare quelli che tuttora mi scrivono sui social e che studiano Medicina o sono addirittura già medici!

Nonostante sia passato molto tempo, oggi mi sento di affermare che non sarei il Marco Bianchi che conoscete se non avessi vissuto quest'esperienza, perché la Sicilia non è soltanto un posto, ma un luogo dell'anima.

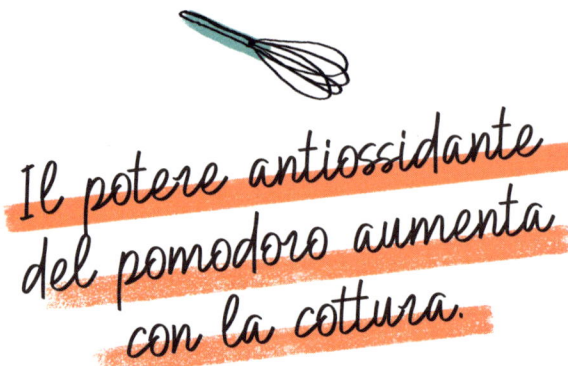

Il potere antiossidante del pomodoro aumenta con la cottura.

SARDE A BECCAFICO

INGREDIENTI PER 4 PERSONE

- 1 kg di sarde ripulite dalla lisca
- 150 g di farina di mais fioretto
- 80 g di uvetta
- 50 g di pinoli
- 2 limoni non trattati
- prezzemolo q.b.
- olio evo q.b.
- sale q.b.
- pepe q.b.

Lasciare in ammollo l'uvetta per circa mezz'ora, quindi strizzarla e tritarla.

Tostare in padella la farina di mais fioretto con i pinoli e qualche cucchiaio di olio per alcuni minuti.

Unire in una ciotola il prezzemolo tritato, la farina di mais con i pinoli e l'uvetta e grattugiare la scorza dei limoni. Salare e pepare.

In una pirofila adagiare le sarde ripulite e aperte a libro. Aggiungere abbondante ripieno e chiudere avvolgendole su se stesse.

Irrorare con succo di limone e infornare per 10 minuti a 180 °C.

BASTA CARNE!

Ormai da molti anni, una decina all'incirca, sono vegetariano. Vorrei però spiegarvi cosa mi ha spinto a prendere questa decisione. O meglio, quali sono state le motivazioni che mi hanno portato a questa scelta.

Ah, prima che cominci a raccontarvi, sappiate che alcuni argomenti possono risultare piuttosto "forti": uomo avvisato...

Di sicuro un ruolo fondamentale in questa scelta l'ha avuto il mio lavoro al campus di ricerca, dove eravamo sempre aggiornati su tutto ciò che concerneva l'oncologia: dalle sperimentazioni ai test, alle analisi. Finché nel 2007 uscirono gli allarmanti dati sul consumo di carne rossa, che per la prima volta stabilivano un potenziale legame con lo sviluppo del cancro. E queste sono le motivazioni più "teoriche".

Passando a quelle "pratiche", invece, c'è intanto il fatto che in quello stesso periodo analizzavo i tessuti mammari delle donne operate di tumore al seno, che mi venivano inviati dalle sale operatorie dopo l'asportazione. La cosa più scioccante fu rendermi conto che il tessuto mammario era molto simile al petto di pollo o di tacchino, e questa consapevolezza cancellò definitivamente in me qualsiasi desiderio di assaggiare pollame.

Dopodiché la visita a un macello mi diede il colpo di grazia.

All'epoca era da poco entrato nella mia vita un cane, il mitico Arturo che ancora oggi mi zampetta per casa, e mi capitava spesso di chiedere consigli e informazioni ai miei colleghi veterinari del campus, durante quelle che avevamo ribattezzato "pause cane". Con uno di loro che allora stava scrivendo la tesi avevo legato particolarmente, e un giorno mi aveva proposto di accompagnarlo al macello bovino, perché secondo lui era un'esperienza formativa.

Non mi sembra qui il caso di scendere troppo nei dettagli, perché sono oltremodo cruenti e impressionanti, ma vi posso assicurare che assistere a quella catena di montaggio della morte mi ha segnato moltissimo nel corpo e nella mente.

Nel corpo perché non sono mai più riuscito a guardare un pezzo di carne senza sentire in bocca il sapore e l'odore del sangue che impregnava le pareti del mattatoio. E nella mente perché mi sono accorto che quegli animali sapevano di andare incontro alla morte e naturalmente ne erano terrorizzati.

Questa scoperta, oltre ad avermi agghiacciato, mi ha lacerato dentro perché continuavo a chiedermi: "Che diritto ho io di uccidere animali innocenti, di essere parte di questa strage, quando ci sono valide alternative alla carne dal punto di vista nutrizionale?".

E così da quel giorno ho detto addio alla carne, senza il minimo rimpianto. Anzi, con un rinnovato amore per la vita e gli animali.

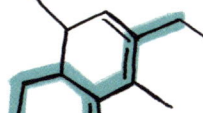

UOMO AVVISATO...

Anche le carni rosse processate o lavorate vanno consumate con moderazione. La quantità settimanale da non superare è 50 grammi. Attenzione quindi a bresaola, würstel, prosciutto, salame, salsiccia eccetera.

QUINOA CON SGOMBRO, OLIVE TAGGIASCHE E NOCI

INGREDIENTI PER 4 PERSONE

- 300 g di quinoa (va bene anche precotta)
- 200 g di noci sgusciate
- 300 g di sgombro sottolio
- 150 g di olive taggiasche denocciolate
- 100 g di pinoli
- 200 g di carote
- olio evo q.b.
- pepe q.b.

Lessare la quinoa dopo averla opportunamente risciacquata e lasciarla raffreddare.

Nel frattempo spadellare le carote, tagliate a cubetti regolari, con i pinoli, l'olio e il pepe, lasciandole croccanti. Condire la quinoa con le carote, lo sgombro, le olive taggiasche e le noci tritate al coltello in modo grossolano.

Potete sostituire lo sgombro con il salmone in scatola al naturale.

IL PROFESSORE

Nella mia vita ho incontrato tanti professori, ma soltanto uno era "il Professore", quello con la P maiuscola.

Mi sto riferendo a Umberto Veronesi, oncologo di fama internazionale, nonché ministro della Salute dal 2000 al 2001 durante il governo Amato e fondatore dell'Istituto Europeo di Oncologia. Questo naturalmente è solo un microriassunto delle sue molteplici attività, perché ci vorrebbero intere pagine per elencarle tutte...

Quando ripenso al mio primo incontro con il Professore ancora stento a credere che sia successo davvero, a me per di più!

Dovete sapere infatti che il Professore all'interno dello IEO era considerato una sorta di entità mitica, un odierno Esculapio che solo pochi avevano la fortuna di avvicinare, mentre tutti gli altri, quando lo incrociavano nei corridoi con indosso il suo camice bianco, quasi si inchinavano in segno di rispetto e riverenza. Ricordo che a me capitava di vederlo la mattina prestissimo parcheggiare la sua Jaguar verde e poi incamminarsi a passo svelto verso l'ingresso riservato alla dirigenza, la zona off limits in cui si trovava il suo studio, il *sancta sanctorum* dell'oncologia europea, in cui ebbi la fortuna di poter entrare.

Come?, immagino vi starete chiedendo.

Be', sembra assurdo, ma semplicemente inviandogli una mail con la richiesta di un colloquio. Giuro, accadde proprio così: un giorno, dal nulla, decisi di scrivergli per sottoporgli un progetto che mi pareva innovativo e che riguardava il cibo come prevenzione, e lui nel giro di neanche dodici ore mi rispose che era interessato e che voleva discuterne.

Ero incredulo, esterrefatto, il Professore mi aveva risposto! E così alcuni giorni dopo, alle 7.30 del mattino, varcai quelle specie di colonne d'Ercole della scienza e, con le gambe tremanti e la lingua felpata alla Fantozzi, entrai nel suo studio.

Il Professore mi mise subito a mio agio e cominciai a illustrargli la mia idea, che nella sua prima versione prevedeva un ristorante di cucina preventiva all'interno dello IEO. A Veronesi il concetto piacque, il neo però secondo lui era che ristorante e ospedale sono luoghi che non si combinano bene. E in effetti tutti i torti non li aveva.

Ci salutammo con la promessa di rifletterci entrambi sopra e di trovare una soluzione.

Un attimo prima di uscire, quando avevo già la mano sulla maniglia, mi voltai e gli chiesi a bruciapelo: "Professore, qual è il suo piatto preferito?".

"Asparagi con le uova" rispose lui pronto.

Conditi con burro o olio?, avrei voluto aggiungere, ma per il momento forse era meglio tenere un po' a freno l'entusiasmo.

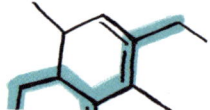

MAI PIÙ **SENZA**

Le uova hanno molte proprietà. Per esempio contengono tutti gli aminoacidi essenziali, sono poco caloriche, ma ricche di proteine – che favoriscono il senso di sazietà – e di grassi insaturi, che ripuliscono le nostre vene dal colesterolo.

Potete mangiarne fino a 5 a settimana, basta che siano bio e di galline allevate a terra.

CARBONARA CON GLI ASPARAGI

INGREDIENTI PER 4 PERSONE

- 320 g di spaghetti integrali grossi
- 3 uova
- 80 g di pecorino
- 1 cipolla piccola
- 500 g di asparagi
- olio evo q.b.
- pepe q.b.

Ridurre gli asparagi a rondelle, tenendo ovviamente da parte le punte.
Sbollentare gli asparagi per qualche minuto. Scolarli e ripassarli in padella con la cipolla tritata, l'olio e il pepe.

Cuocere la pasta al dente e nel frattempo sbattere in una ciotola le uova con il pecorino.

Una volta pronti, versare gli spaghetti nella padella con gli asparagi, aggiungere le uova sbattute e amalgamare per circa 2 minuti.

Pepare e servire.

I MAGNIFICI 20

Che cosa sono i *magnifici 20*? Vediamo un po' se indovinate.

Va be', sarò buono, vi do un indizio: non si tratta di un film western, anche perché quello si intitolava *I magnifici sette*.

Niente, rinunciate già? Allora ve lo dico io. *I magnifici 20* è il primo libro che ho pubblicato nel 2010 e che mi ha permesso di farmi conoscere ed entrare in contatto con il grande pubblico.

Vi ricordate che vi ho raccontato del mio incontro con il Professore e del progetto del ristorante di cucina preventiva? Ecco, dopo quell'occasione, Veronesi volle sapere tutto sul lavoro che svolgevo al campus e un giorno mi fece una proposta interessante. "Marco, ti va se ti metto in contatto con il mio amico Pietro Leemann? È un famoso chef che si occupa di alta cucina vegetariana, e secondo me potreste avere uno scambio proficuo." Naturalmente accettai e andai a conoscerlo al Joia, il suo ristorante milanese.

Devo ammettere che come sempre il Prof aveva avuto ragione: l'incontro con Leemann mi aprì la mente a possibilità che non avevo preso in considerazione né valutato e, appena uscito dal locale, in preda a una febbrile esaltazione andai a comprare il suo libro *Diario di un cuoco*, che divorai letteralmente.

Alcuni giorni dopo Pietro mi chiamò dicendomi che aveva parlato di me con il suo editore: erano interessati a conoscermi. Con le idee finalmente più chiare su ciò che avrei voluto realizzare mi presentai in casa editrice, e lì nacque il concept del libro.

Come sempre quando un progetto mi entusiasma, mi ci buttai a capofitto e lo scrissi tutto sera dopo sera, non appena rientravo nella casetta gialla, in cui da qualche anno mi ero trasferito con Veruska. Ah già, quasi mi stavo dimenticando di dirvelo: nel 2007 io e Veruska avevamo deciso di andare a vivere insieme e avevamo preso un appartamentino in zona Ripamonti, che riempimmo di piante e fiori.

Una volta che il libro fu pubblicato ottenne un successo che mai mi sarei immaginato; un sacco di trasmissioni tv mi volevano tra gli ospiti, i giornali mi chiedevano interviste, ma sapete qual era la domanda che tutti immancabilmente mi ponevano? "Raccontaci dalla ricetta Cioccopere", che a quanto pareva aveva conquistato praticamente chiunque.

Più o meno sempre in quel periodo, e grazie al Professore, si avverò un altro mio grandissimo sogno: organizzammo dei corsi di cucina preventiva all'interno dello IEO per donne malate di tumore. In genere partecipavano una ventina di ex pazienti, a cui insegnavo i segreti di una cucina sia sana sia gustosa, perché un aspetto non deve assolutamente escludere l'altro. Anzi, è proprio l'unione che fa la forza, non si dice così?

> **MI CI BUTTAI A CAPOFITTO E LO SCRISSI TUTTO SERA DOPO SERA**

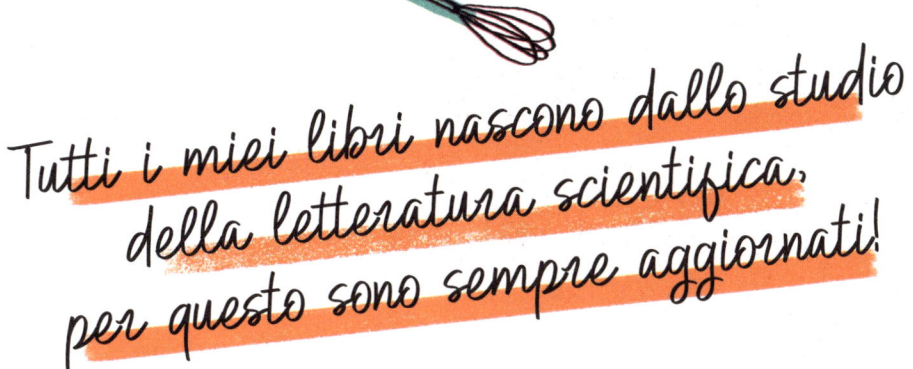

Tutti i miei libri nascono dallo studio della letteratura scientifica, per questo sono sempre aggiornati!

Aggiungete una manciata di pinoli per un effetto crunch!

CIOCCOPERE FONDENTE AL 70%

INGREDIENTI PER 4 PERSONE

- 250 g di farina di tipo 2
- 80 g di fecola di patate
- 50 g di farina di mandorle
- 250 g di cioccolato fondente al 70%
- 600 ml di bevanda vegetale a base di soia
- 1 bustina di lievito per dolci
- 80 g di zucchero mascobado
- 5 cucchiai di olio di semi di mais
- 3 pere mature o 600 g di pere sciroppate senza zucchero
- acqua q.b.

Sciogliere il cioccolato a bagnomaria o al microonde insieme alla bevanda di soia.

In una ciotola mescolare la farina con la fecola, lo zucchero, la farina di mandorle e il lievito.

Unire e amalgamare solidi e liquidi.

Tagliare le pere a cubetti e cuocerle in padella con qualche cucchiaio di acqua.

Aggiungere le pere all'impasto, versare in una tortiera, bagnare la superficie con qualche goccia di acqua di cottura delle pere e infornare.

Cuocere per 40-45 minuti a 180 °C.

IL 18 SETTEMBRE

Il 18 settembre è il 261esimo giorno del calendario gregoriano, il santo è Giovanni da Copertino, protettore degli studenti, dell'aeronautica e degli astronauti. In questo stesso giorno nel 1964 andò in onda la prima puntata della *Famiglia Addams*, nel 1851 uscì il primo numero del *New York Times*, nel 1837 fu inaugurato il primo negozio di Tiffany e nel 2010... mi sono sposato!

Ebbene sì, anche per me, dopo tanti anni di fidanzamento con Veruska e alcuni di convivenza, era arrivato il momento di convolare a giuste nozze.

Già vi vedo con gli occhi a cuore mentre vi immaginate Veruska avvolta in una nuvola di tulle e pizzo bianco con uno strascico degno di Kate Middleton, che percorre la navata a ritmo della *Marcia nuziale* di Felix Mendelssohn, mentre io la aspetto tremante all'altare, fasciato in un tight d'altri tempi.

> ERA ARRIVATO IL MOMENTO DI CONVOLARE A GIUSTE NOZZE

Ecco, non fu niente di tutto ciò. Non perché non si trattò di un giorno romantico o speciale, ma perché rappresentò soprattutto una grande festa piena di gioia e colore. Adesso vi racconto.

Veruska e io ci sposammo con rito civile alla Villa Reale di Milano perché, dato che non siamo credenti, non volevamo essere ipocriti.

Ricordo che quando lei aprì la portiera della Smart e poggiò il piede per terra, notai subito le sue amate Jimmy Choo tempestate di brillantini, in perfetto pendant con l'estroso abito di Suzanne Ermann, la stilista francese che Veruska aveva scelto perché, secondo lei, era l'unica in grado di far emergere la sua personalità anticonformista, ma con classe. Io invece sfoggiavo uno smoking di Moschino con la fodera stampata a carte da gioco. Insomma, al diavolo la tradizione!

Indovinate un po' chi celebrò il rito? Il professor Veronesi, che per l'occasione tenne uno splendido discorso sul rapporto tra individui, vegetarianesimo e amore, perché – spiegò – l'amore si manifesta e concretizza anche attraverso le scelte che rispettano le altre forme di vita.

Una volta conclusa la celebrazione, ci spostammo tutti in una cascina fuori Milano per il rinfresco. Anche in quel caso avevo voluto dare un calcio alla tradizione e assecondare quello che, giorno dopo giorno, stava diventando lo stile di vita mio e di Veruska.

Come primo piatto, dunque, avevamo fatto preparare lasagne di tofu con lenticchie. Vi lascio immaginare le facce dei parenti più anziani, che il tofu non sapevano nemmeno cosa fosse! Però, alla fine, per non scontentare nessuno, e perché tutti trovassero qualcosa di loro gradimento, avevamo fatto cucinare anche un carré di vitello arrosto.

Avrei mai potuto lasciare qualcuno a stomaco vuoto il giorno del mio matrimonio?

Siete pronti per cucinare l'arrosto di cavolfiore? Tenete a mente che potete spennellarlo anche con una bagna di salsa di soia e miele.

ARROSTO DI CAVOLFIORE

INGREDIENTI PER 4 PERSONE

- 1 grosso cavolfiore
- 1 mazzetto di timo
- 1 mazzetto di prezzemolo
- 1 rametto di rosmarino
- 6 cucchiai di olio evo
- 1 limone

Tritare finemente gli aromi, versarli in una ciotolina con l'olio evo e il succo del limone e mescolare.

Adagiare sulla teglia del forno il cavolfiore, dopo averlo lavato. Dovrà cuocere per circa 1 ora e mezzo a 180 °C. Ogni 15 minuti dovrà essere spennellato con il condimento preparato in precedenza, e cuocere fino ad arrostirsi.

Se si ha molta fretta si può tagliare il cavolfiore crudo a fette prima di infornarlo. Il tempo di cottura, in questo caso, sarà più o meno dimezzato (ma dipende dallo spessore!).

TESORO, SALVIAMO I RAGAZZI!

Ricordate quando vi ho raccontato che sono stato un bambino cicciottello e complessato? Be', a volte capita che la vita faccia degli strani giri, talmente strani da sembrare quasi arabeschi.

Il mio personalissimo arabesco, per esempio, si realizzò nel 2011, quando una mattina ricevetti una telefonata da parte della casa di produzione Magnolia: una loro talent scout mi aveva notato grazie alla pubblicazione del mio primo libro e volevano farmi fare un provino per una trasmissione. Ovviamente accettai subito e, emozionato come un adolescente che ha appena scoperto l'amore, mi presentai in casa di produzione.

Scambiai quattro chiacchiere con autori e capi progetto, dopodiché mi portarono davanti alla telecamera e lì scoccò la scintilla. Mi sentii completamente a mio agio, parlavo sciolto e rilassato, senza nessun inciampo, senza nessuna ansia da prestazione. Ero galvanizzato.

> MI PORTARONO DAVANTI ALLA TELECAMERA E LÌ SCOCCÒ LA SCINTILLA

Alcuni giorni dopo, mi richiamarono per dirmi che avevo passato il provino e che volevano affidarmi la conduzione di una trasmissione che sarebbe andata in onda su FoxLife. Prima però bisognava girare la puntata pilota per sondare l'indice di gradimento.

Il format, creato negli Stati Uniti, era questo: una coppia di genitori preoccupati per il loro figlio in sovrappeso mi chiedeva di aiutarli a correggerne l'alimentazione e a fargli adottare uno stile di vita sano, che abolisse i cibi troppo ricchi di grassi (ci credete che ho visto madri cucinare enormi piatti di pasta al pesto con tanto di burro e panna per renderla più saporita?) e prevedesse qualche ora di attività sportiva.

Come potete immaginare, l'idea mi piacque da matti, oltre al fatto che, avendo vissuto anch'io una situazione simile, riuscivo a stabilire una forte empatia con i ragazzini, che avevano più o meno dai sette ai tredici anni, proprio l'età del mio periodo nero.

Il primo episodio ottenne ottimi ascolti e così nei weekend – o sfruttando i tantissimi giorni di permesso accumulati e mai goduti – giravamo le varie puntate, perché nel frattempo continuavo a lavorare allo IEO. In poco tempo *Tesoro, salviamo i ragazzi!* riscosse un grandissimo successo, tanto che sempre più spesso venivo invitato anche in altre trasmissioni in qualità di esperto di alimentazione, oppure a fiere ed eventi in tutta Italia.

Da lavoratore infaticabile quale sono, non rifiutavo mai nessuna proposta o invito, anche perché per me era un mondo completamente nuovo e affascinante, di cui non mi sentivo mai sazio e che volevo esplorare il più possibile.

Devo ammettere però che talvolta, appena calava l'adrenalina o mi rilassavo un po', mi piombava addosso una stanchezza incredibile. Eppure bastava quell'istante magico, quello in cui vedevo accendersi la famosa lucina rossa, ed ero pronto a ricominciare tutto daccapo.

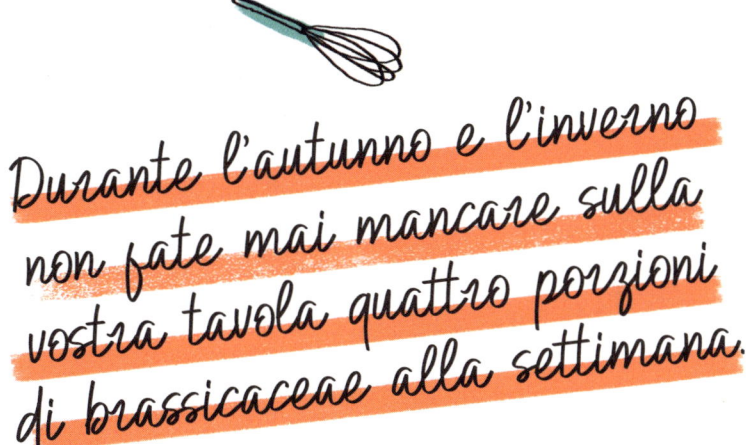

Durante l'autunno e l'inverno non fate mai mancare sulla vostra tavola quattro porzioni di brassicaceae alla settimana.

PASTA CON PESTO DI BROCCOLI

INGREDIENTI PER 4 PERSONE

- 320 g di pasta corta integrale
- 400 g di broccoli
- 60 g di pinoli
- 15 foglie di basilico
- 50 g di pecorino
- olio evo q.b.
- sale q.b.
- pepe q.b.

Cuocere la pasta al dente, nel frattempo sbollentare i broccoli e tostare i pinoli.

Frullare in un cutter i broccoli con i pinoli, l'olio, il pecorino grattugiato e il basilico. Aggiustare di sale e pepe.

Condire la pasta e servire!

In alternativa alla pasta potete usare del farro o dell'orzo.

IN ONDA

L'estate, si sa, è un momento delicato. Perché? Ma per la prova costume, ovviamente!

Credo di non conoscere quasi nessuno che, arrivato il fatidico giorno, non si trovi qualche difetto guardandosi allo specchio. Un filo di pancia lì, un po' di ritenzione idrica sulle cosce, un bello strato di adipe proprio dove non ci dovrebbe essere... e va da sé che alla fine ci si deprime un tantino.

Nacque così l'idea di una mia striscia giornaliera, sempre su FoxLife, intitolata *In linea con Marco Bianchi*, che andò in onda da giugno ad agosto.

Durante quei quindici minuti quotidiani dispensavo alcune pillole di benessere legate agli alimenti, per esempio spiegavo che le proprietà del finocchio sono utili per combattere la cellulite, oppure che con l'avocado si può preparare un fantastico burrocacao perché è ricco di grassi naturali, o che il kiwi è un potente alleato contro l'invecchiamento.

Da dietro un tavolo da cucina e con indosso un camice bianco raccontavo ai telespettatori le mille virtù che possiedono frutta, verdura e non solo, e come imparare a sfruttarle al meglio per vivere sani e stare in forma, senza avere più l'angoscia di mostrare il proprio corpo.

> RACCONTAVO AI TELESPETTATORI LE MILLE VIRTÙ CHE POSSIEDONO FRUTTA, VERDURA E NON SOLO

Successivamente, una volta riposti nell'armadio costume, pinne e occhiali da sole e tirate fuori le giacche autunnali, tornai in tv con un'altra trasmissione. Si intitolava *Aiuto, stiamo ingrassando!* e stavolta non erano i genitori a chiamarmi per correre in aiuto dei loro figli che si alimentavano in maniera sbagliata, ma il contrario. E sapete qual era il set in cui ricevevo le telefonate? Lo studio del Professore!

Più o meno sempre in quel periodo, eravamo tra il 2012 e il 2013, fui chiamato come ospite fisso, per una quarantina di puntate, nella trasmissione *Geo & Geo* di Rai 3 condotta da Sveva Sagramola.

Lì tenevo una rubrica insieme a Danilo Gasparini, docente di Storia dell'alimentazione all'Università di Padova, in cui lui si occupava di cultura del cibo e io degli aspetti scientifico-nutrizionali.

Ricordo che una volta dedicammo una puntata alla liquirizia che ottenne un grande successo. In quell'occasione il professore parlò della storia antichissima di questa pianta: lo sapete per esempio che ne furono trovati alcuni bastoncini nella tomba di Tutankhamon? Che era usata nella medicina cinese? Che in Italia c'è addirittura un museo dedicato? E che è un ottimo palliativo per smettere di fumare?

Io invece, dopo averne elencato le numerose proprietà, condivisi la ricetta di una torta alla liquirizia che conquistò tutti, fino a diventare uno dei dolci simbolo della mia cucina.

Facendo un balzo avanti nel tempo di circa un annetto, non posso non citare un'altra bellissima trasmissione a cui partecipai, sempre come ospite fisso e con il placet della Fondazione Veronesi: *Detto Fatto* su Rai 2, condotta da Caterina Balivo.

Oddio, ora che ci ripenso: non è che forse a quel punto mi stavo rimpinzando un po' troppo *io* di tv?

Fidatevi di questo azzardo di sapori: non ve ne pentirete!

TORTA ALLA LIQUIRIZIA E CIOCCOLATO

INGREDIENTI PER 4 PERSONE

- 200 g di farina di tipo 1
- 70 g di frumina
- 50 g di farina di mandorle
- 4 cucchiai di olio di semi di mais
- 600 ml di latte
- 1 bustina di lievito per dolci
- 80 g di zucchero di canna integrale
- 150 g di cioccolato fondente al 72%
- 10 g di liquirizia pura

Tritare finemente la liquirizia con il tritatutto alla massima velocità.

Sciogliere a bagnomaria il cioccolato insieme al latte, mescolare con tutti gli altri ingredienti, versare in una tortiera e infornare a 180 °C per circa 40 minuti. Si può verificare la cottura infilando uno stuzzicadenti al centro del dolce: se risulta asciutto, la torta è pronta.

ANTONELLA

Avete presente il modo di dire "una ciliegia tira l'altra"?

Ecco, ho come l'impressione che lo stesso valga anche per le trasmissioni tv, o almeno così è capitato a me. Non facevo in tempo a terminare le registrazioni di una, che già fioccava la proposta per quella successiva.

Finché un giorno del 2015 mi arrivò una telefonata in cui mi chiedevano di andare a fare un provino a Roma e rifiutai.

Strano, no? E se adesso vi dico di che programma si trattava vi suonerà ancora più strano. Si trattava nientepopodimeno che della *Prova del cuoco*!

Immagino che ora vi starete chiedendo se mi fossi di colpo bevuto il cervello o cosa cavolo mi passasse per la mente, e forse non avete tutti i torti.

Il fatto è che, nonostante la trasmissione avesse degli ascolti pazzeschi, mi pareva che il tipo di cucina che proponeva non si sposasse granché bene con quella che abbracciavo io e non mi sembrava il format adatto a me, perciò in maniera pure piuttosto sbrigativa liquidai la questione.

Sennonché alcuni giorni più tardi la redazione mi contattò di nuovo e mi spiegò che Antonella Clerici ci teneva moltissimo a conoscermi e che la sua idea era di propormi una rubrica di cucina sana all'interno del programma.

Mmm, adesso sì che ci si può ragionare su!, pensai, e tutto contento volai a Roma.

Nell'istante in cui misi piede negli studi e vidi Antonella rimasi senza fiato.

Lei era il sole, il centro luminoso e abbagliante intorno a cui ruotava chiunque.

E, proprio come nel sistema solare ogni cosa avviene in modo naturale, così accadeva con lei che, con la sua grazia, simpatia e dolcezza, riusciva ad armonizzare l'intero set e a far convivere tutti quanti in un'atmosfera di serenità e rilassatezza.

Quando ci presentarono, Antonella mi spiegò che da me si aspettava ricette sane, ma goduriose. Sì, usò esattamente questo termine: goduriose. Dopodiché mi guardò negli occhi e mi disse: "Marco, ti do piena fiducia, sei libero di muoverti come meglio credi". Pazzesco.

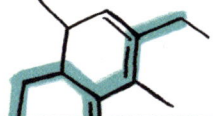
NELL'ISTANTE IN CUI VIDI ANTONELLA RIMASI SENZA FIATO

Secondo voi potevo quindi deluderla? Mai e poi mai.

E così una delle prime ricette che proposi in trasmissione fu il pasticciotto di pasta al forno. Già solo la parola "pasticciotto" non vi suona decisamente goduriosa? A me da matti! E pure agli spettatori, scoprimmo poi.

QUATTRO
È IL NUMERO DELLA FELICITÀ

Immaginiamo che ogni giorno il nostro piatto debba essere suddiviso in quattro parti. Tre dovrebbero essere sempre di origine vegetale, quindi: cereali, meglio se integrali, frutta e verdura. La quarta invece dovrà contenere le proteine, che andranno scelte tra: legumi, pesce azzurro, formaggi, uova e carne per chi proprio non può farne a meno (ma tutti possiamo farne a meno, vero?).

PASTICCIOTTO DI PASTA AL FORNO

INGREDIENTI PER 4 PERSONE

- 320 g di pasta mista corta integrale
- 300 g di asparagi
- 200 g di pisellini freschi
- 1 cipollotto
- 300 g di fagiolini verdi
- 200 g di zucchine
- 200 ml di passata di pomodoro
- 300 g di crescenza
- 70 g di pomodori secchi sottolio
- 50 g di ricotta dura grattugiata
- 50 g di pane grattugiato integrale
- sale q.b.
- pepe q.b.
- olio evo q.b.

Sbollentare gli asparagi, i pisellini, i fagiolini e le zucchine rispettando i diversi tempi di cottura. Nel frattempo cuocere la pasta al dente.

In una capiente ciotola mescolare pasta e verdure tagliate a pezzetti, quindi condire con olio, sale, pepe, pomodori sottolio tritati e rondelle di cipollotto. Travasare il tutto in una pirofila aggiungendo i pezzetti di crescenza, la passata di pomodoro e cospargendo con pane grattugiato e ricotta dura.

Infornare per 10 minuti in modalità grill, in forno già caldo.

PICCOLE SOLITUDINI

Lo dico senza aver paura di esagerare: per alcuni anni mi sono letteralmente ammazzato di lavoro.

C'era infatti il lavoro al campus con le sue varie declinazioni, c'erano le trasmissioni tv, c'erano gli eventi, le ospitate, le serate, i libri (avevo iniziato a pubblicare con Mondadori) e infine *La prova del cuoco* una volta alla settimana a Roma.

Ormai restare a casa tranquillo la sera con Veruska era quasi un miraggio, perché spuntava sempre qualche impegno che mi costringeva a uscire dal nostro nido giallo.

Inoltre non sempre Veruska poteva partecipare con me alle varie mondanità, dal momento che suo padre aveva avuto gravi problemi di salute e il suo lavoro di grafica spesso la costringeva a veri e propri tour de force, da cui riemergeva esausta.

Perciò il più delle volte ero solo. Solo in una camera d'albergo, solo in una città che non conoscevo, solo su un treno, una macchina, un aereo, solo in mezzo alla gente, solo sotto cieli che non riconoscevo, finché a un certo punto, paradossalmente, sono arrivato a sentirmi solo anche con me stesso.

Chi l'ha provata, lo sa: la solitudine è una sottile tortura che ti macera dentro e ti scava nella mente con un lento ma costante lavoro, obbligandoti a passare in rassegna, a esaminare, a smontare e rimontare ogni aspetto della tua vita. E all'improvviso tutto quello che ti sembrava andare bene e renderti felice ti appare come svuotato, sgonfiato del suo significato più profondo.

Ecco, sovente mi è capitato di provare queste sensazioni e di guardarmi intorno spaesato, come se cercassi qualche appiglio a cui aggrapparmi per restare fedele a me stesso e per non perdere di vista le priorità della mia vita.

Non vi nascondo che in alcuni momenti trovavo un po' di conforto nel cibo. Eh, penserete, che novità, si chiama *comfort food* mica per niente! Infatti avete ragione.

E sapete qual è il cibo che meglio assolve a questo "compito"? I carboidrati, ovvero quelle sostanze che sono contenute nella pasta, nel pane, nella focaccia, nei dolci, nella pizza eccetera.

Io per esempio mi strafogavo di pizza, il mio *comfort food* per eccellenza. E comunque non mi rimpinzavo solo di quella: qualsiasi cibo che contenesse lievito era il benvenuto.

Peccato che a furia di mangiarne troppi ho iniziato ad accusare qualche disturbo. Prima lieve, poi sempre più intenso. Già, ingurgitavo carboidrati a tutto spiano nel tentativo di curare l'anima e la mente, alla fine invece ho soltanto intossicato il mio corpo, che si è ribellato senza tante cerimonie urlando il suo dolore, come avrei dovuto fare io...

> MI STRAFOGAVO DI PIZZA, IL MIO COMFORT FOOD PER ECCELLENZA

> Oggi mangio tranquillamente due pizze a settimana, l'importante è che siano preparate con farina integrale e che contengano tante verdure e salsa di pomodoro.

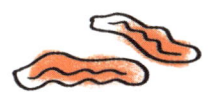

INSALATONA DI RISO ROSSO CON SALSA VERDE, PISTACCHI E LIME

INGREDIENTI PER 4 PERSONE

- 320 g di riso rosso
- 12 pomodori secchi sottolio
- 1,2 kg di melone pepino (a polpa bianca)
- 4 patate dolci a pasta arancione
- 1 cespo di lattuga
- 250 g di feta
- 200 g di olive taggiasche denocciolate
- 2 mele Granny Smith
- 1 lime non trattato
- 12 ravanelli
- 120 g di pistacchi sgusciati
- olio evo q.b.
- sale q.b.

Per la salsa

- 1 mazzetto di prezzemolo
- 1 mazzetto di origano fresco
- 1 limone
- 1 bicchiere di olio evo
- 1 cipollotto
- 1 peperoncino dolce

Preparare la salsa frullando prezzemolo, origano, succo di limone, olio evo, cipollotto e peperoncino dolce. Cuocere il riso nel doppio del suo volume di acqua leggermente salata. Lessare le patate con la buccia, quindi lasciarle raffreddare e spadellarle velocemente, dopo averle ridotte in bastoncini, con olio evo in una padella antiaderente.

Tagliare i ravanelli e il lime in quattro parti e le mele a cubetti, sbriciolare la feta con le dita. Affettare la lattuga al coltello o semplicemente spezzettarla con le mani.

Assemblare l'insalatona disponendo gli ingredienti in "spicchi" nel piatto da portata. Lattuga, melone bianco a cubotti, bastoncini di patate dolci, cubetti di mela, ravanelli, pomodori secchi tagliati a metà, olive taggiasche, feta, riso rosso e due spicchi di lime. Disporre sopra l'insalata, senza mescolare, la salsa verde, i pistacchi e il succo del restante lime.

CASE DOLCI CASE...

"Veru, che ne diresti se cambiassimo casa?" le chiesi una mattina, mentre facevamo colazione. "Qui forse cominciamo a stare un po' stretti, non pensi?"

"In effetti, non hai tutti i torti..." mi rispose lei, guardandosi intorno.

Vivevamo ormai da anni nel monolocale giallo, ed era giunto il momento di trovare una sistemazione più comoda e soprattutto più ampia. Perciò mi misi subito alla ricerca di un appartamento che facesse al caso nostro e nel giro di qualche tempo scovai la casa dei nostri desideri.

Volete sapere com'era? Vi accontento immediatamente. Si trattava di un appartamento su due piani all'interno di una cascina da poco ristrutturata e immersa nel verde, a Chiaravalle, appena fuori Milano. Era perfetto e aveva tutto quello che sognavamo,

> ENTRARE IN CASA SIGNIFICAVA LASCIARE FUORI TUTTO IL RESTO

compreso un bel giardino in cui avevo sistemato un grande tavolo, realizzato da Veruska con i pallet, per le cene con gli amici e dove il nostro cane Arturo poteva gironzolare liberamente.

Quando ripenso al periodo che trascorremmo lì, mi tornano in mente immagini di me che mi diverto a cucinare come un matto perché, finalmente, non ero più confinato in uno spazio ristretto, immagini di me che scrivo seduto nella pace verde del giardino, immagini di me e Veruska e della tranquillità che ci circondava. Ecco, sì, devo dire che associo l'appartamento di Chiaravalle ad anni di serenità e di gioia, quando entrare in casa significava lasciare fuori tutto il resto.

Però, dopo la nascita di Vivienne, qualcosa dentro di me iniziò a sobbollire di nuovo. Certo, la casa era bellissima e ci stavamo bene, ma l'idea di non abitare in città con una bimba tanto piccola mi inquietava un po'. La verità era che mi sarei sentito meglio a riavvicinarmi al centro di Milano, dove tutto sarebbe stato più a portata di mano per qualsiasi evenienza.

Anche stavolta Veruska fu d'accordo con me, e così alcuni mesi dopo eccoci pronti a traslocare alla volta di un grande appartamento in zona Ripamonti, molto diverso da quello di Chiaravalle.

La prima cosa che mi colpì della nuova casa fu la luce: ampie finestre lasciavano filtrare i raggi del sole che inondavano quello spazio completamente bianco, creando un bagliore quasi accecante che dava l'impressione di essere in un luogo sospeso nel tempo, mentre all'esterno alti pini e magnolie dalle foglie carnose nascondevano la vista della città.

Non appena ci fummo sistemati, Veruska e io decidemmo di fare una festa di inaugurazione invitando amici e parenti, e io naturalmente non rinunciai al piacere di mettermi all'opera in cucina. Per comodità, e perché di solito incontrano i gusti di tutti, preparai un sacco di bruschette di tanti sapori diversi con il pane che avevo cucinato io stesso.

Fu un successone, anche se ancora oggi mi resta un dubbio: fu merito delle bruschette o del fascino ultraterreno della casa immacolata?

L'alcol del pane in cassetta evapora dopo l'apertura della confezione o aver bruschettato il pane!

FANTASIA DI BRUSCHETTE

INGREDIENTI PER 4 PERSONE

- 8 fette di pane integrale
- 250 g di feta
- 1/4 di spicchio di aglio
- 50 ml di olio evo
- succo di 1 limone
- 250 g di yogurt greco senza lattosio
- 1 cetriolo
- 1 cucchiaio di aceto

Tostare il pane.

Preparare le due creme: la prima a base di feta, succo di limone e olio, la seconda con yogurt greco, cetriolo (privato della buccia e grattugiato), olio, aceto e aglio.
Frullare gli ingredienti utilizzando un frullatore a immersione o un tritatutto.

Servire sulle fette di pane integrale, decorando a piacere con foglioline di menta e prezzemolo fresche.

Ottime anche con una spalmata di yogurt di soia non zuccherato e aneto.

BYE BYE RICERCA!

Nello stesso periodo in cui cambiavo casa – anzi case –, in cui cambiavo trasmissioni e reti tv, in cui cambiavo editore, andò da sé che anche il mio lavoro al campus subisse delle modifiche.

E quindi? Quindi un giorno presi la decisione di lasciare il laboratorio di ricerca per dedicarmi solo alla didattica.

Tranquilli, non fu assolutamente una scelta difficile o dettata dall'insoddisfazione, tutt'altro. Si creò piuttosto una serie di eventi favorevoli che mi agevolarono in questo passaggio, il quale presto o tardi sarebbe comunque dovuto avvenire.

A volte poi accade che il destino ci metta lo zampino e ti voglia aiutare a ogni costo; e tu a quel punto che fai, ti tiri indietro? Certo che no. Perciò quando mi proposero di lasciare pure la didattica per occuparmi di un nuovo progetto accettai senza pensarci due volte.

Ora vi racconto.

Nel 2015 all'interno del campus stavano aprendo una nuova sezione dedicata alla comunicazione e al cibo, chiamata "Smart food" e coordinata da due nutrizioniste. Il progetto aveva lo scopo di sensibilizzare i pazienti, e non solo, sull'importanza della corretta alimentazione, sulla bellezza del mangiare sano e sul ruolo del cibo nella prevenzione.

Vi assicuro che, quando mi convocarono per propormi di collaborare con loro, stentavo a credere alle mie orecchie: era proprio il lavoro dei miei sogni.

Ogni giorno comunicavamo via Facebook, oppure organizzavamo conferenze o facevamo formazione al personale delle mense per introdurre i concetti della nutraceutica. Nutra... che? Nutraceutica. Si tratta di un termine coniato nel 1989, formato dall'unione delle parole "nutrizione" e "farmaceutica", che studia come il cibo parla al nostro DNA attraverso una serie di ingredienti funzionali, tipo la curcuma, gli Omega-3, i funghi.

Poi un giorno, qualche tempo dopo, ricevetti una telefonata dal professor Veronesi che mi chiese di andare nel suo studio perché voleva parlarmi. Evidentemente il destino non aveva ancora finito di riservarmi sorprese...

E infatti lì, seduti uno di fronte all'altro e circondati dai suoi numerosi libri, il Prof iniziò a farmi ragionare su quanto avevo fatto fino a quel momento e su come interpretavo e vivevo la divulgazione scientifica, ragionava proprio come un papà con un figlio.

In meno di un'ora, con la sua saggezza e le sue idee illuminate, il Professore mi convinse a cominciare una nuova avventura presso la Fondazione Umberto Veronesi in qualità di divulgatore scientifico e comunicatore. Sarebbe stato il mio "mondo" scientifico ideale, ideale per il tipo di "personaggio" che ero diventato e perché secondo lui mi rappresentava in pieno.

E come sempre aveva ragione: tuttora porto avanti quest'avventura con immenso orgoglio, e continua a emozionarmi e a aprirmi la mente.

IL PROFESSORE MI CONVINSE A COMINCIARE UNA NUOVA AVVENTURA

Sosteniamo uniti la ricerca scientifica: è un valore universale!

Da arricchire anche con una julienne di pomodoro secco.

ORZO CON FUNGHI E CURCUMA

INGREDIENTI PER 4 PERSONE

- 320 g di orzo
- 80 g di funghi secchi
- 120 g di funghi porcini surgelati
- 60 g di tahin (crema di sesamo)
- 4 cucchiai di olio evo
- 1/2 spicchio di aglio
- 1 cucchiaino di curcuma
- acqua q.b.

Mettere in ammollo i funghi secchi in acqua tiepida per circa 30 minuti, nel frattempo cuocere l'orzo in acqua leggermente salata. Spadellare i funghi secchi strizzati insieme ai funghi surgelati, senza aggiungere acqua ma soltanto 1/2 spicchio di aglio e l'olio evo.

Unire i funghi all'orzo, aggiungere la tahin e la curcuma, mescolare bene.

Prelevare un paio di cucchiai di orzo e funghi, frullarli con pochissima acqua e quindi mescolare la crema ottenuta, insieme a quanto non frullato, in padella. Servire e gustare!

8 NOVEMBRE 2016

Alcune date rimangono scolpite nella mente e nella memoria di ognuno di noi perché evocano ricordi belli, attimi di gioia, anniversari da celebrare, compleanni da festeggiare, ma ce ne sono anche alcune che ti restano marchiate a fuoco dentro perché segnano un dolore, un distacco o una perdita.

Per me l'8 novembre 2016, purtroppo, rientra in questa seconda categoria. L'8 novembre 2016 è il giorno in cui il professor Umberto Veronesi si è spento.

Nell'ultimo periodo le condizioni di salute del Prof erano peggiorate, eppure non ero minimamente preparato ad apprendere quella tragica notizia.

Come spesso accade nei momenti di grande dolore, gli eventi tendono a sovrapporsi, a mischiarsi e a confondersi, io invece ricordo ancora nitidamente che era sera, che ero a casa e che, nell'istante in cui venni a sapere della sua scomparsa, una sofferenza lancinante e acuminata mi trafisse il petto, mozzandomi il respiro per alcuni secondi. A ciò, come sempre, seguì subito l'incredulità: non è possibile, mi ripetevo tra le lacrime, il Prof non può averci abbandonato. Per me lui era un maestro di scienza, un grande comunicatore, una grande persona che aveva creduto nelle mie capacità e che mi aveva regalato gli stimoli per andare avanti.

Vi lascio immaginare lo strazio dei giorni seguenti: il funerale, la lettera che scrissi per lui e che pubblicai sui social, e soprattutto ritrovarmi di colpo proiettato in una quotidianità in cui il Prof non c'era più, dopo che per anni la sua presenza autorevole e sicura mi aveva accompagnato e guidato con saggezza attraverso alcuni snodi fondamentali della mia esistenza.

Oggi che il dolore si è placato e pian piano riassorbito, nel mio cuore è rimasta un'immensa dolcezza nei suoi confronti.

Innanzitutto, oltre a essere stato il mentore per eccellenza e un filosofo, era un uomo di una cultura e di un'umanità sorprendenti, con una profondità ed eleganza di pensiero che ogni volta mi lasciavano a bocca aperta. E poi era incredibilmente energico, ironico e aperto a tutte le novità. Un esempio? Be', partecipò con me alla prima diretta su Periscope.

Non so se vi ricordate, ma nel 2015 Periscope fu la prima applicazione di video streaming per smartphone – successivamente acquistata da Twitter – e all'epoca era un'innovazione pazzesca. Appena proposi al Professore di fare un video insieme, lui accettò e lo realizzammo durante un giro in macchina. Non scorderò mai l'entusiasmo e la curiosità che manifestò quel giorno, quando a ogni semaforo mi sommergeva di domande, prendeva il cellulare e se lo studiava perché voleva sempre capire tutto del mondo che lo circondava.

PREDICAVA IL RITORNO A PIETANZE GENUINE E SANE

Un'altra delle mille cose che mi stupivano del Prof era il suo amore per la cucina povera. Infatti, al contrario di quanto ci si sarebbe potuti aspettare da un uomo così raffinato, prediligeva i piatti semplici e predicava il ritorno a pietanze genuine e sane a base di cereali e verdure.

Per questo vi lascio con una ricetta che lui avrebbe sicuramente apprezzato e, finché avrò voce o solo la forza per pensare, non mi stancherò mai di ripetere: "Grazie, Prof!".

La cucina povera è la più ricca dal punto di vista nutrizionale.

MIGLIO CON BRUNOISE DI SEDANO, MELA, PESCA E PEPERONE

INGREDIENTI PER 4 PERSONE

- 300 g di miglio
- 1 gambo di sedano
- 1 mela Granny Smith
- 1 pesca noce
- 1 peperone giallo
- 12 mandorle
- 3 cucchiai di olio evo
- 15 foglie di basilico
- 2 limoni
- sale q.b.
- pepe q.b.
- acqua q.b.
- olio evo q.b.

Cuocere il miglio in acqua leggermente salata.

Nel frattempo lavare, mondare e tagliare a brunoise, ovvero in piccoli cubetti delle stesse dimensioni, il sedano, la mela, la pesca e il peperone. Saltare tutto in padella pochi minuti con un filo di olio.

Dopo soli 4 minuti regolare di sale e di pepe e togliere dal fuoco. Tritare le mandorle.

Una volta cotto, scolare attentamente il miglio e unirlo alle verdure. L'insalata è quasi pronta: non resta che cospargerla di basilico tritato e mandorle tritate, e condirla con olio e succo di limone.

IL MADAGASCAR

Alzi la mano chi di voi sa come si chiama la capitale del Madagascar.

Nessuno? Eh, non posso certo darvi torto, perché è un nome complicatissimo. Sentite qua: Antananarivo. Come mai lo so? Perché ci sono stato in viaggio di nozze con Veruska.

Ma cominciamo dall'inizio.

Intanto dovete sapere che, per una serie di motivi familiari e non, Veruska e io siamo partiti per la luna di miele nel 2012, cioè un paio d'anni dopo il matrimonio.

Poi che il Madagascar non era stata la nostra prima scelta. Noi infatti avremmo voluto andare in Giappone, ma l'agenzia di viaggio ce l'aveva sconsigliato perché dopo lo tsunami e il disastro nucleare di Fukushima la situazione era critica, quindi era meglio trovare una nuova destinazione.

Quando ci proposero il Madagascar, io e Veruska ci scambiammo un'occhiata e dicemmo in coro: "Perché no?".

A malapena sapevamo dove fosse (per amor di cronaca è quella grande isola al largo della costa orientale dell'Africa, quasi davanti al Mozambico), ma le foto del catalogo erano talmente belle e suggestive che ne restammo subito affascinati. Fascinazione che crebbe ancor di più appena arrivammo.

Il Madagascar è una sorta di paradiso terrestre, dalla natura rigogliosa e incontaminata, circondato da spiagge da sogno e popolato da un'infinità di specie animali pressoché introvabili altrove, come per esempio i lemuri, di cui mi sono immediatamente innamorato.

Durante quelle due settimane facemmo trekking nella giungla e visitammo i villaggi dell'entroterra, dove entrammo in contatto con la gente del posto, che è molto accogliente e solare, tanto che uno dei proverbi che ripetono più spesso è: "Se hai solo un dente, sorridi almeno con quello". Non hanno mica torto, no?

Ovviamente, da buongustaio quale sono, e data la mia passione per la cucina, volli scoprire i sapori e i piatti tipici di quest'isola, che è anche la patria della più dolce delle spezie: la vaniglia.

Oltre alla strepitosa frutta esotica che cresce lì, e che servono spesso come accompagnamento alle pietanze, rimasi deliziato da due specialità in particolare: le polpettine di polpa di granchio fritte (una droga legalizzata) e il pesce cotto nel latte di cocco con riso basmati, non salato, di contorno.

> PUNGI PRIMA IL TUO CUORE E POI QUELLO DEGLI ALTRI

La nostra luna di miele passò in un soffio e quando arrivò il giorno della partenza eravamo entrambi parecchio tristi, perché eravamo consapevoli di aver vissuto un'esperienza davvero unica e soprattutto che ci aveva arricchito dal punto di vista umano.

Per esempio ancora oggi mi porto dentro un loro proverbio che dice: "Pungi prima il tuo cuore e poi quello degli altri, perché, se sai che cosa ti fa male, saprai anche ciò che fa male agli altri".

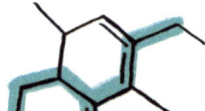

L'AVOCADO DELLA SALUTE

L'avocado è il cibo del momento: spopola tra i giovani e compare in mille ricette. E il nostro organismo ringrazia, perché è un frutto ricchissimo di vitamine, sali minerali, fibre e proteine, e fa pure benissimo al cuore. Forse il suo unico neo è che è molto calorico, ma cosa importa quando al suo interno sono racchiusi tanti elementi preziosi? Non dimenticate che gli avocado italiani sono eccellenti!

POLPETTE DI GRANO SARACENO

INGREDIENTI PER 4 PERSONE

- 250 g di grano saraceno
- 2 scalogni
- 2 carote
- 8 cucchiai di olio evo
- sale q.b.
- pepe q.b.
- curcuma q.b.
- pane integrale di grano saraceno grattugiato (oppure farina di mais fioretto) q.b.

Lessare il grano saraceno e scolarlo con cura una volta passato il tempo di cottura indicato sulla confezione.

Ridurre gli scalogni a fettine, pelare le carote e tagliarle a brunoise. Ripassare velocemente in padella le verdure con un paio di cucchiai di olio evo.

Con un frullatore/tritatutto trasformare in purea circa 1/4 del grano saraceno cotto. Aggiungere all'impasto le verdure spadellate, il restante olio, un pochino di pane grattugiato e la curcuma, quindi regolare di sale e pepe.

Con un servigelato di piccole dimensioni preparare delle polpette. Passarle nel pane grattugiato, infornarle per 20 minuti a 200 °C, e buon appetito!

LA CAMERETTA DEI SOGNI

Il 25 settembre del 2015 sono diventato papà di Vivienne. Sono però convinto che ci si cominci a sentire papà ben prima del fatidico giorno, o almeno questo è quello che è capitato a me.

Dato che sono un gran pignolo che ci tiene ad avere tutto sotto controllo e che le cose siano fatte sempre per bene, ovviamente presi la gravidanza di Veruska molto sul serio. La accompagnavo a ogni controllo, a ogni ecografia, le cucinavo dei piatti sanissimi in modo che integrasse tutte le sostanze di cui aveva bisogno, la aiutavo a tenere monitorato il peso, la portavo agli allenamenti di crossfit (che ha praticato fino al giorno prima del parto) e, da bravo futuro papà capace di fare qualsiasi cosa, mi dedicai pure al bricolage.

Di cosa? Ma della cameretta di Vivienne, che nella mia testa doveva diventare la cameretta dei sogni di ogni bambina. Perciò con Veruska trascorrevamo intere giornate a scegliere gli arredi migliori, le decorazioni più delicate, i peluche più morbidi e teneri e le ghirlande di lucine che l'avrebbero aiutata a non aver paura del buio, proteggendola con il loro tenue bagliore.

Insomma, procedeva tutto alla grande e con somma efficienza da parte di entrambi, finché due "elementi" si ribellarono a questa ormai rodata organizzazione teutonica.

> SONO CONVINTO CHE CI SI COMINCI A SENTIRE PAPÀ BEN PRIMA DEL FATIDICO GIORNO

Il primo fu rappresentato dalle "voglie" di Veruska, che arrivarono all'improvviso cogliendomi completamente impreparato. Capitava infatti che lei avesse un devastante desiderio di patate al forno. Perciò dovevo correre in cucina, mettermi a pelar patate, a infornarle, "e che siano ben salate" si raccomandava sempre lei. Come sapete, sono a favore di una cucina povera di sale, vi lascio quindi immaginare il mio sconcerto...

Il secondo elemento invece fu un tantino più complicato.

Era intorno alla metà di giugno e con Veruska decidemmo di concederci una serata di svago e di andare al concerto di Jovanotti. Mentre cantavamo a squarciagola le nostre canzoni preferite, Veruska sentì che la bambina nella pancia si muoveva parecchio. Lì per lì pensammo che fosse colpa del volume troppo alto e del caos che ci circondava, e che una volta a casa la piccola si sarebbe calmata. E in effetti poi si calmò, ma al successivo controllo scoprimmo che la bambina, che prima di quella sera era già nella giusta posizione per il parto, si era ribaltata, mettendosi seduta nell'utero di Veruska come una specie di piccolo Buddha. E non dava il minimo segno di volersi rigirare.

Quindi fummo costretti a rinunciare al parto naturale, che era previsto per la metà di ottobre, e dovemmo per forza optare per il cesareo; in accordo con la ginecologa, decidemmo di fissarlo alla prima data disponibile, perché io non vedevo l'ora di conoscere la mia piccola Vivienne.

Ecco, ancora prima di diventare a tutti gli effetti papà, avevo già imparato una lezione fondamentale: i figli vanno lasciati liberi di fare le proprie scelte!

Il "gusto" del nascituro è fortemente influenzato dalle scelte alimentari di mamma e papà. Pazzesco, no?

Sfornatele quando saranno ben croccanti!

CHIPS DI PATATE DOLCI E NORMALI

INGREDIENTI PER 4 PERSONE

- 3 patate a pasta gialla grosse non trattate
- 2 patate dolci a pasta arancione non trattate
- olio evo q.b.
- rosmarino q.b.

Affettare le patate, senza eliminare la buccia, con una mandolina, quindi disporle su una teglia rivestita di carta forno, nebulizzando la superficie con olio evo e aggiungendo qua e là qualche rametto di rosmarino. Infornare a 220 °C per circa 25-30 minuti.

Trascorsi i primi 15 minuti, rigirare ogni fetta di patata in modo da ottenere una cottura uniforme da entrambi i lati.

LA MIA CUCINA DELLE EMOZIONI

Vediamo un po' cosa si legge sul dizionario alla voce emozione: "risposta affettiva a situazioni oggettive o a stati soggettivi che turbano profondamente la coscienza".

Caspita, messa così suona davvero inquietante! Mannò, tranquilli, spaventarvi non è certo nelle mie intenzioni. Ma allora che cos'è esattamente questa "cucina delle emozioni" del titolo?, immagino che vi starete chiedendo.

Per questa domanda non ho una sola risposta da darvi, ma addirittura tre! Come mai? Be', perché, come spesso accade nella vita, da cosa nasce cosa, e questo ne è un esempio lampante. Ora mi spiego meglio.

Innanzitutto dovete sapere che negli Stati Uniti, negli ultimi anni, la ricerca scientifica si è concentrata molto sul rapporto tra cibo ed emozione e su come l'alimentazione sia appunto in grado di influire sulla nostra sfera emotiva, innescando sensazioni di benessere, coraggio, concentra-

> L'ALIMENTAZIONE È IN GRADO DI INFLUIRE SULLA NOSTRA SFERA EMOTIVA

zione, energia e tante altre ancora. Il concetto di cucina delle emozioni nasce quindi oltreoceano, dove per la scienza è una realtà ormai assodata. E questa è la prima risposta.

La seconda è che, leggendo una serie di articoli sull'argomento e parlando con il mio editore HarperCollins, pensammo che il mio nuovo libro avrebbe potuto concentrarsi su questo tema tanto in voga in America e all'avanguardia nel mondo del food. Nacque così *La mia cucina delle emozioni* (che nel 2020 sarà pubblicato persino negli USA!), dove per la prima volta non avrei più parlato del rapporto tra cibo e malattie oncologiche, ma mi sarei concentrato su un cibo "curativo per l'anima".

Infine *La mia cucina delle emozioni* è stato anche un programma trasmesso da Food Network, il canale completamente dedicato al food e importato dall'America.

Ricordo che quando mi proposero di condurre la trasmissione ero al settimo cielo: non solo *La mia cucina delle emozioni* sarebbe stato il primo format interamente concepito e realizzato in Italia per l'emittente, ma un mio libro sarebbe diventato addirittura un programma tv.

Che emozione immensa, tanto per restare in argomento…

In una delle puntate che andarono in onda a partire dal settembre del 2018 proposi una ricetta che lì per lì fece storcere il naso a qualcuno. Volete sapere qual era? Il mio dessert con mele e ricotta.

Secondo alcuni infatti l'abbinamento aveva un che di ospedaliero: mele cotte e ricotta in effetti non sembrano proprio sapori per palati forti e stomaci vigorosi. E invece…

E invece la ricetta ottenne un grande successo sia tra gli ascoltatori sia tra chi mi seguiva sui social e, indovinate un po', pure tra gli operatori che lavoravano al programma, che spazzolarono tutto il dessert che avevo preparato.

Happy food, happy life: non dimenticatelo mai!

Affetti, energia, buonumore, creatività, riposo, concentrazione, coraggio e un sacco di ricette studiate ad hoc!

CIOTOLINA CON DADOLATA DI MELE E RICOTTA

INGREDIENTI PER 4 PERSONE

- 2 mele
- 1 manciata di uvetta
- 1 cucchiaino di cannella in polvere
- 1 limone non trattato
- 400 g di ricotta fresca
- 4 amaretti
- 70 g di zucchero a velo

Spadellare le mele ridotte a cubetti, fino a quando risulteranno morbide. Farle poi caramellare senza aggiungere nulla in padella, mescolandole di continuo.

A fine cottura, irrorarle di succo di limone e condirle con scorza di limone grattugiata e cannella.

Lasciarle raffreddare, nel frattempo mettere in ammollo l'uvetta in poca acqua tiepida.

Con una forchetta sbattere la ricotta con lo zucchero a velo fino a renderla cremosa.

In una ciotolina servire la ricotta con la dadolata di mele, qualche chicco di uvetta e gli amaretti sbriciolati.

MARCOBIANCHIOFF

Volete sapere cosa fa Marco Bianchi appena si sveglia? Be', intanto fa colazione, perché è un pasto fondamentale a cui non si deve mai rinunciare, e nel frattempo legge, anzi si informa, per essere più precisi.

Le prime ore della mattina infatti amo dedicarle alla lettura di riviste scientifiche, italiane e non, e a consultare siti come Nutrition Foundation of Italy e PubMed, un'immensa banca dati di letteratura scientifica biomedica che raccoglie articoli, studi e ricerche a partire dal 1949.

Dopodiché arriva il momento dei social, che assorbono diverse ore della mia giornata, più o meno quattro o cinque. Nonostante sia sempre stato consapevole della loro straordinaria importanza nell'era della comunicazione globale, devo confessarvi che è stato il team di persone che lavora con me a insegnarmi come utilizzarli nella maniera più coinvolgente, proficua e intelligente.

Non è un caso quindi se oggi sono seguito da milioni di persone che quotidianamente mi rivolgono un'infinità di domande e mi sottopongono tutti i loro dubbi e le loro perplessità in ambito alimentare. Io tento di rispondere al maggior numero di quesiti, diffondendo link sulla salute e il cibo, postando immagini di ricette, citando gli studi scientifici più autorevoli. Insomma, è come se fornissi informazioni ventiquattr'ore su ventiquattro a tutti coloro che mi seguono, perché credo fermamente che l'informazione ci salverà la vita.

Da un paio di anni, poi, ho dato vita anche al mio blog, di cui sono molto orgoglioso. Negli ultimi tempi pareva che i blog fossero un po' "passati di moda", destinati a estinguersi perché soppiantati dall'immediatezza e dall'inclusività dei social.

Ma allora come mai ne hai creato uno tuo?, vi domanderete.

Be', diciamo soprattutto per due motivi.

Il primo è perché volevo dare la possibilità a chi non è sui social di seguirmi ed essere aggiornato sulle novità provenienti dal mondo della scienza e dell'alimentazione.

Il secondo è perché il blog mi consente di esprimermi in modo più ampio e completo. Intendo cioè che posso caricare video, ricette, interi articoli da riviste e studi scientifici, così da garantire un'informazione più approfondita e dettagliata.

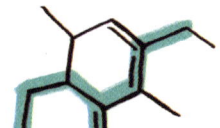

IL BLOG MI CONSENTE DI ESPRIMERMI IN MODO COMPLETO

E la gente sembra apprezzare! I numeri del mio blog infatti sono diventati davvero importanti, oltre ad avere migliaia di iscritti alla newsletter. Ogni settimana sono seguito da milioni di persone che mi leggono e rileggono su tutti i miei canali social.

Inoltre il blog mi ha permesso di scoprire qual è la mia ricetta più cliccata in assoluto. Lo volete sapere?

Ebbene, si tratta della frolla, seguita a brevissima distanza dalla crema pasticciera.

Italiani popolo di golosi? A quanto pare...

LE **FIBRE** E IL NOSTRO INTESTINO

Sono passati i tempi in cui integrale era sinonimo di dieta. Oggi è assodato che l'assunzione di fibre serve a proteggersi ed è fondamentale per la nostra salute. Un consumo abituale, infatti, non solo regola il moto intestinale, ma stimola anche la crescita e l'attività dei suoi batteri "buoni". E avere l'intestino "attivo" significa avere un sistema immunitario forte e capace! A tutte le età!

SUA MAESTÀ LA FROLLA

INGREDIENTI PER 4 PERSONE

- 250 g di farina di tipo 2
- 80 g di zucchero di canna integrale (meglio se a velo o mascobado polverizzato)
- 60 g di acqua fredda
- 60 ml di olio di semi di girasole
- 1 cucchiaino di lievito per dolci
- 1 limone non trattato
- acqua q.b.

Come prima cosa sciogliere lo zucchero nell'acqua, quindi aggiungere l'olio, la farina, la scorza di limone grattugiata, il lievito e mescolare bene. Si dovrà ottenere un impasto liscio che andrà fatto riposare per circa 1 ora in frigorifero.

Trascorso il tempo, stendere la frolla, ricavare dei biscotti (oppure una base per crostata o dei fagottini), quindi cuocere in forno a 180 °C per 30-40 minuti (modalità forno statico).

La crostata potrà essere farcita a piacere con la marmellata o con la ricotta, e nel secondo caso la farcia va aggiunta alla frolla prima di infornarla. Io la preparo amalgamando 250 g di ricotta, 70 g di zucchero a velo integrale, vaniglia in polvere, scorza di limone e, a piacere, canditi o gocce di cioccolato.

ARCOBALENO

Non è bellissimo quando dopo un temporale vediamo apparire all'orizzonte l'arcobaleno?

Eh già, l'arcobaleno fin dalla notte dei tempi affascina e stupisce gli uomini, che hanno sempre attribuito a questo fenomeno significati speciali. Per gli antichi Greci per esempio era il sentiero usato da Iris, la messaggera degli dèi, per portare i messaggi ai comuni mortali. Per i buddhisti tibetani rappresenta la scala con cui Buddha scende dal cielo. Secondo la mitologia cinese invece l'insieme dei suoi colori simboleggia l'unione di yin e yang – i princìpi fondatori dell'universo – e quindi l'armonia assoluta, mentre secondo quella scandinava indica il collegamento tra il mondo divino e quello terrestre. Infine per i druidi era un simbolo di prosperità e buon auspicio.

E per me cosa rappresenta? In alcuni capitoli di questo libro mi sono divertito ad associare un colore ad alcuni periodi della mia vita: il nero, il rosso, l'azzurro. Ecco, se dovessi scegliere un colore per identificare l'oggi, sceglierei l'arcobaleno perché grossomodo li raggruppa tutti.

Infatti, se non avessi attraversato quella gamma di tinte, oggi non sarei ciò che sono, non sarei un uomo felice e orgoglioso delle proprie scelte, non sarei un uomo soddisfatto della sua vita, non avrei avuto il dono unico e miracoloso della paternità, ma soprattutto non sarei un uomo completo.

Platone nel *Simposio* parla dell'amore in tutte le sue forme, manifestazioni e sfumature. Si può dire che in sostanza il *Simposio* è il Libro sull'amore, e tra le tante riflessioni illuminanti sull'argomento ce n'è una che mi ha colpito in particolare.

Pare che anticamente tutti gli esseri umani avessero due facce orientate in direzione opposta e una sola testa, quattro braccia e quattro gambe, e fossero tondi. Poiché erano molto potenti e volevano scalare l'Olimpo, Zeus decise di punirli dividendoli in due metà. Da quel momento in avanti, gli esseri umani si indebolirono e cominciarono a passare la loro esistenza alla ricerca della metà persa, nel disperato tentativo di ricreare l'unità originaria. Ma quando si trovavano si stringevano l'uno all'altra finendo per morire di fame e di torpore pur di non separarsi ancora. Allora Zeus, per evitare che gli umani si estinguessero, mandò sulla terra Eros affinché gli uomini potessero ritrovare l'antica unione.

> SOLO QUANDO COMPRENDI DAVVERO CHI SEI, TI SENTI VERAMENTE FELICE

Ecco perché secondo Platone "al desiderio e alla ricerca dell'intero si dà il nome amore".

Anch'io a lungo ho cercato la mia parte originaria, perché sentivo che dentro di me c'era una mancanza tanto profonda quanto reale.

Finché un giorno, seduto davanti a una tazza di caffè e a una fetta di rainbow cake, ho trovato Luca che mi ha completato. E solo quando comprendi davvero chi sei, ti senti veramente felice.

L'ARCOBALENO A TAVOLA

Potete colorare la vostra tavola in tutta tranquillità sfruttando la funzionalità del mondo vegetale. Uno studio del 2015 ha dimostrato che l'apporto di verdura e frutta rossa/porpora ha un impatto significativo sulle variazioni di peso e della circonferenza addominale; il consumo di frutta e verdura gialla invece incide soprattutto sui valori della colesterolemia totale e dell'HDL negli uomini e nelle variazioni ponderali tra le donne. Nel complesso, però, chi consumava più frutta e verdura combinando tutti e cinque i colori otteneva, nei 3 anni dello studio, il miglior controllo ponderale e una riduzione del girovita.

Si può optare anche per una farcia metà yogurt, metà formaggio fresco.

RAINBOW CAKE ALLO YOGURT

INGREDIENTI PER 8 PERSONE

Per il pan di Spagna
- 340 g di farina di tipo 1
- 50 g di amido di mais
- 100 g di zucchero a velo integrale
- 70 g di farina di mandorle
- 1 bustina di lievito per dolci
- 120 ml di olio di semi di mais

Coloranti
- 65 g di estratto di mirtilli e/o more + estratto di rapa rossa (colorante viola)
- 65 g di acqua + 2 cucchiaini di colorante blu spirulina (colorante blu)
- 65 g di estratto di spinaci (colorante verde)
- 65 g di acqua + 1 cucchiaino raso di curcuma o zafferano (colorante giallo)
- 65 g di estratto di carota + estratto di rapa rossa + 1 pizzico di curcuma (colorante arancio)
- 65 g di estratto di rapa rossa, ciliegie e fragole e/o lamponi (colorante rosso)

Per la bagna
- 600 ml circa di succo di ananas

Per la farcia
- 1,5 kg di yogurt greco magro
- 200 g di zucchero a velo
- 1 stecca di vaniglia
- 250 g di mirtilli
- 250 g di lamponi

Per preparare i dischi di pan di Spagna, suddividere l'impasto in 6 ciotole diverse. In ciascuna aggiungere il relativo colorante e mescolare con attenzione. Versare nello stampo da 20 cm di diametro un impasto alla volta e cuocere in forno preriscaldato a 180 °C per 20 minuti.

Preparare la farcia montando lo yogurt greco con lo zucchero a velo e i semi ricavati dalla stecca di vaniglia.

Quando i dischi di pan di Spagna si saranno raffreddati, bagnarli con il succo di ananas e disporre la crema allo yogurt tra uno strato e l'altro.
Dopo aver assemblato la rainbow cake, decorarla con mirtilli e lamponi!

RINGRAZIAMENTI

Se mi è stato permesso di scrivere questo libro, devo prima di tutto dire grazie a voi, che in questo ultimo anno siete cresciuti in modo esponenziale. Mi cucinate e ponete mille domande, credete in me, nella scienza. Grazie!

Ringrazio poi i protagonisti di questi cinquanta capitoli. Vorrei elencarli tutti ma lo trovo riduttivo: dal più profondo del mio cuore, grazie!

Un enorme grazie a tutto il mio team Realize Networks, alla mia casa editrice, a Discovery, a Silvia perché ci siamo emozionati insieme, a Gaia, Arianna, Luca, Madalina, a mamma e papà, alla preziosa e importante Veru, al mio Luca e ovviamente alla mia bellissima principessa Vivienne, perché della felicità non dobbiamo mai esser sazi... e lei mi ha insegnato proprio questo facendomi diventare papà.

Ecco una serie di link per me molto preziosi, una vera e propria bibliografia digitale sempre aggiornata:

www.fondazioneveronesi.it
www.humanitasalute.it
www.nutrition-foundation.it
www.moli-sani.org
www.ncbi.nlm.nih.gov

www.aicr.org
www.wcrf.org
www.cancer.gov
www.registri-tumori.it/cms
www.istitutotumori.mi.it

INDICE DELLE PORTATE

ANTIPASTI & PANE

Chips di patate dolci e normali	205
Fantasia di bruschette	189
Focaccine allo yogurt	37
Panini con frittata di ceci, sgombro e pomodoro	61
Panino ai cereali con crema di tofu e melanzana	125
Panino con cannellini, pomodori secchi e melanzana	145
Panzerotti al sapor di Puglia	73
Pinzimonio di verdure con bicchierino di quinoa croccante	129
Snack 2.0	45
Tramezzino tonno, insalata e maionese	33

ESTRATTI & FRULLATI

Bis di shottino della salute	141
Estratto del mio cuor	29
Frullato "a tutta energia"	113

PRIMI

Carbonara con gli asparagi	161
Cuscus con gli aromi	89
Grande insalata di farro	65
Insalatona di orzo con salsina di anacardi	133
Insalatona di riso rosso con salsa verde, pistacchi e lime	185
Miglio con brunoise di sedano, mela, pesca e peperone	197
Orzo con funghi e curcuma	193
Pasta al forno	69

Pasta con pesto di broccoli — 173
Pasticciotto di pasta al forno — 181
Pizzoccheri con pecorino e crescenza — 101
Quinoa con sgombro, olive taggiasche e noci — 157

SECONDI & CONTORNI

Arrosto di cavolfiore — 169
Burger vegetali — 57
Chili di soia — 109
Cipolle ripiene di ragù di lenticchie — 117
Cotoletta con stick di patate dolci — 53
Crauti con la mela e la senape — 137
Fish & chips — 85
Polpette di ceci e spinaci — 49
Polpette di grano saraceno — 201
Salmone al sesamo con salsina di yogurt — 93
Sarde a beccafico — 153
Sugo ai quattro pomodori — 41
Torta salata con asparagi — 149

DOLCI

Biscotti al caffè e cioccolato — 121
Cioccocake con frutta secca — 21
Cioccopere fondente al 70% — 165
Ciotolina con dadolata di mele e ricotta — 209
Pancake yogurt greco e banane — 105
Panna cotta con coulis di mango — 97
Rainbow cake allo yogurt — 217
Sacher torte con confettura di lamponi — 77
Sua maestà la frolla — 213
Torta alla liquirizia e cioccolato — 177
Torta amaretto con topping di mandorle sbriciolate — 81
Torta cremosa con ricotta fresca, amaretti e cioccolato — 25

INDICE DEGLI INGREDIENTI

A

aceto balsamico 129
aceto di mele 33, 65, 137
agar agar 97
aglio 125, 189, 193
amaretti 25, 81, 209
amido di mais 77, 81, 217
anacardi 89, 129, 133
ananas 29
arachidi 85
arancia 29
asparagi 149, 161, 181
avocado 133, *200*

B

banana 105, 113
barbabietola 29, *111*, 113, 141
basilico 41, 173, 197
bevanda vegetale 33, 77, 105, *141*, 165
broccolo 101, 173

C

cacao amaro in polvere 77, *113*, 121
caffè 121
cannella 209
capperi 33, *41*, 65, 125, 145
caprino 69

carota 65, 117, 129, 133, 157, 201
cavolfiore 65, 129, 169
ceci 49, 53, 57, 89
cetriolo 189
cioccolato 21, 25, 77, *111*, 113, 121, 165, 177, 213
cipolla 41, 61, 109, 117, 137, 161
cipolline borettane 65
cipollotto 181, 185
cocco 81, 141
concentrato di pomodoro 41, 61
confettura di lamponi 77
coste 101
crescenza 101, 181
cumino 89, 137
curcuma 33, 193, 201, 217
curry 57, 61
cuscus di farro 89

D

datteri 113

F

fagioli borlotti 109
fagioli cannellini 53, 133, 145
fagiolini 181
farina 21, 37, 73, 77, 81, 105, 121, 165, 177, 213, 217

farina di ceci 61
farina di mandorle 165, 177, 217
farina di mais fioretto 85, 153, 201
farina di riso 85
farro 65, *173*
fecola di patate 165
feta 65, *87*, 185, 189
finocchio 29, 65
frumina 121, 177
funghi 193

G

grano saraceno 99, 201

I

insalata iceberg 33

L

lamponi *76*, 217
latte 21, 25, 81, 97, 141, 177
lattuga 145, 185
lenticchie 57, 117, 129
lievito di birra 37, 73
lievito per dolci 21, 25, 77, 81, 105, 165, 177, 213, 217
lime 129, 185
limone 33, *48*, *52*, 57, 61, 89, 93, 113, 141, 153, 169, 185, 189, 197, 209, 213
liquirizia 177

M

mais 65
mandorle 21, 81, 113, 121, 129, 197
mango 97, 141
mela 29, 65, 133, 137, 141, 185, 197, 209
melanzana 69, 125, 145
melone bianco 185
menta 49, 125, 189
merluzzo 85
miele 105, *168*
miglio 197
mirtilli *96*, 97, 217

N

nocciole 21, 105
noci 21, 157

O

olive taggiasche 65, 73, 125, 133, 157, 185
origano 37, 73, 117, 185
orzo 132, 133, *173*, 193

P

pane 33, 61, 125, 145, 189
pane carasau 45
pane grattugiato 49, 53, 117, 181, 201
paprika 53, *56*, 109
passata di pomodoro 41, 109, 117, 181
pasta integrale 69, 161, 173, 181
patata 53, 85, 205
patata dolce 53, 185, 205
pecorino 49, 101, 133, 149, 161, 173
peperoncino dolce 185
peperone 65, 69, 129, 197

pera 29, 165
pesca noce 197
pinoli 153, 157, *164*, 173
piselli 69, 89, 181
pistacchi 185
pizzoccheri 101
polenta integrale 25
pomodori datterini 41, 133
pomodori secchi 33, 41, 89, 109, 117, 145, 181, 185
prezzemolo 49, 129, 153, 169, 185, 189

Q

quartirolo lombardo 89
quinoa 129, 157

R

ravanelli 185
ricotta 25, 69, 73, *124*, 149, 181, 209, 213
riso rosso 185
rosmarino 45, 53, 57, 85, 169, 205

S

salmone *84*, 93, *157*
salsa di pomodoro 69, 73, 117, 181
salsa di soia *168*
sarde 153
scalogno 201
sedano 65, 129, 197
semi di lino 21
semi di sesamo 93
semola di grano duro integrale 73, 149
senape 137
sgombro 61, *84*, 157
soia *108*, 109

spinaci 49
spinacini novelli 101
succo di ananas 217

T

tahin 193
timo 117, 169
tofu 125
tonno 33, 65

U

uova *160*, 161
uvetta 153, 209

V

vaniglia 97, 213, 217
verza 101, 137

W

würstel vegetali 65

Y

yogurt greco 29, 37, 93, 105, 113, *184*, 189, 217

Z

zenzero 93, 113, 141
zucchero a velo 25, 105, 209, 217
zucchero a velo integrale 77, 217
zucchero di canna integrale 65, 81, 177, 213
zucchero mascobado 21, 121, 165
zucchero vanigliato 97
zucchina 65, 181

Questo volume è stato stampato nel luglio 2019
presso Rotolito S.p.A. - Milano